Kaoru Takeda
Maniac Lesson

たけだかおる洋菓子研究室のマニアックレッスン

凝固剤 編

たけだかおる

河出書房新社

はじめに *prologue*

はじめましての方も、何度目かの方も。
この本を手にとってくださり、ありがとうございます。

2018年に『たけだかおる洋菓子研究室のマニアックレッスン』、
2019年に『たけだかおる洋菓子研究室のマニアックレッスン　乳化と混ぜ方編』と、
2年続けて焼き菓子の本を上梓しました。

焼き菓子は奥深く、今も作って食べることが大好きです。
日頃から焼き菓子をずっと作り続けていましたが、
ふと「おや。私、生クリームも大好きなんだけど？？？」と思い出しました。
生徒の方々の中にも、「アントルメやグラスデザートなどの生菓子(冷菓)を受講したい！」
とおっしゃる方も多く、自宅レッスンでは生菓子もたくさん指導してきました。
みなさんは生菓子にどのような印象をお持ちでしょうか。

「ゼリーになったら甘くない」「ゼラチンがうまく固まらない」
「作るたびにアガーのかたさが違う」「ムースの食感が好みにならない」
「なぜこうなったのか理由がわからない」など、
問題点を感じたことがあるのではないでしょうか。

生菓子に欠かせないムースにはさまざまな種類があり、
泡立てた生クリームとフルーツピューレを合わせたシンプルなムースや、
卵を加えるものなど。卵の加え方にはいくつかの方法があります。
本書で紹介しているアングレーズソースやパータボンブをベースとしたもの、
その他にもカスタードクリームベースのムースなどもあります。
さらには、チョコレートムースのようにまた違った作り方のムースもあります。

どのムースも使用する素材が口溶けやかたさに複雑に影響し合うので、
食材の特性をよく知り、考慮する必要があります。

これらの疑問を解決し、みなさんのお菓子作りに役立てていただきたい、と思い、
第3弾となる本書のテーマを「凝固剤」と決めた次第です。

日本には凝固剤の種類がとてもたくさんあり、日本独特のものもあります。
各メーカーの努力で、いろいろな特徴がある商品が店頭に並んでいます。
それらの代表的なものとして、本書では板ゼラチン、アガー、寒天、ペクチンを
取り上げています。
それぞれの凝固剤との相性がよい食材、または影響がでやすい食材について、
検証を行いました。

実際のところ、あらゆる条件を整え、
精密な機械を使って調べないとわからないレベルのことかもしれません。
ですが実際に人が食べるものであることから、本書では、
機械などでかたさを検知するのではなく、人の目や口、手を使って確認しています。

凝固剤とひと口にいっても、原料や特性、特徴などさまざまですし、
その他の食材も同様です。作る前に知っていると、失敗が減るようなポイントも
いろいろとあります。知識を得ることで、お菓子作りの幅がぐんと広がるのです。

本書では、検証だけでなく、とびきりおいしい生菓子のレシピを
多数紹介しています。食感の違いが楽しめる生菓子の本になったと思います。

本書がみなさんのお菓子作りの役にたてますようにと願ってやみません。
どうぞずっとそばに置いて愛用していただけると幸いです。

たけだかおる

contents

Lesson 01
ゼラチン

【この本の決まり】

・本書ではガスオーブンでの加熱温度、加熱時間を表記しています。
・オーブンや電子レンジの加熱温度、加熱時間、仕上がりは機種によって異なります。
・オーブンを使うレシピでは、焼く前に、加熱温度になるように予熱しておいてください。
・電子レンジは500Wのものを使用しています。

材料について

お菓子作りの第一歩は材料選びから始まります。
また、すぐに使い切らない材料は、
保存方法もとても大切です。
選び方や特徴を知ることで、
理想の仕上がりに近づけてください。

[ゼラチン、アガー、寒天、ペクチン]

ゼリー、ムース、水ようかんなどの冷たいお菓子は、ゼラチン、アガー、寒天などの凝固剤（ゲル化剤）で固めています。用途や食感によって使い分けましょう。パート・ド・フリュイやジャムに用いるのは、ペクチンという凝固剤です。どれも直射日光と高温多湿を避け、乾燥したところで密閉して保存しましょう。

[砂糖]

砂糖は味だけではなく、香りや食感を引き出してくれる大切なもの。種類ごとの個性が強いので、お菓子の特性に合わせて使い分けましょう（P10参照）。

においを吸いやすいので、香りの強いチョコレートなどの隣には置かないようにして保存しましょう。

[卵]

卵そのものの味が、お菓子の味わいに直接的に出るため、どのような卵を選ぶのかが重要です。年間を通して同じ銘柄の卵を使うことで、産卵の時期や鶏の個体差によって、卵白の強度、また卵黄の大きさがどのように違うのかがわかってくるようになります。

[バター]

ほとんどのレシピで食塩不使用のものを使用。特徴などの詳細はP11を参照してください。

バターはにおいを吸収しやすく、また変質しやすい食品。光を遮断できるようにきちんと包んで密閉して保存し、早めに使いきりましょう。冷凍する場合は、できれば完全に脱気・密閉してください。

[フルーツピューレ]

旬のフルーツを厳選して加工してあるため品質がよく、常に安定した味を出せます。加糖タイプと無加糖タイプがあります。使用する前に必要な量だけ解凍して使います。一度開封したものは密閉して冷凍保存しなるべく早く使いきりましょう。

[牛乳]

乳脂肪分3.6％以上のものを使っています。それ以下のものだと、コクと味わいがなく、物足りない仕上がりに。加工乳を避け、「牛乳」で「成分無調整」と表示されたものを選んでください。

[生クリーム]

本書では主に乳脂肪分36％前後、動物性の生クリームを使っています。乳脂肪分の含有量を変えると全体の味のバランスや口溶けが変わってしまうので記載通りのものを使ってください。生クリームを買い出しに行く際は保冷バッグを持って行き、温度を冷たく保ってください。また、温度変化や振動に弱いため、冷蔵庫のドアポケットを避け、なるべく動かさないところに置きましょう。

[小麦粉]

お菓子の食感や舌触りに大きく影響するため、薄力粉、準強力粉を使い分けています（P11参照）。湿気させないように密閉して保存しましょう。特に雨の多い季節は注意が必要です。

凝固剤について

製菓に用いるのは、ゼラチンやアガー、寒天、ペクチンが一般的。
理想の食感に近づけるためには、特徴を知っておくことが大切です。
原料や特徴等は右記の「凝固剤の比較」にまとめました。
製品による違いもあるので、好みのものを見つけてください。

ゼラチン

［ゼラチンの製造方法］

原材料からゼラチンを抽出するために、原料に前処理をします。前処理には、酸による処理とアルカリによる処理の2つの方法があり、この違いによって製品の持つ性質が異なります。それぞれの処理後に水洗いして加熱、ゼラチン液を抽出して濾過、濃縮、殺菌、乾燥などの工程を経て製品化されます。製品となったゼラチンの形状には、板状、粉末状、顆粒状があります。

［ゼリーの強度］

ゼラチンの固まる強さの目安としてゼリー強度がJIS規格によって定められており、これはゲルのかたさを示します。製品に記載されているので、使うときに参考にしてください。

［グレード］

ゼラチンはメーカーが製品ごとにさまざまなグレードを出しており、それによっても品質、透明度、固まり具合が異なります。一般的にグレードが高いほどに透明度等の品質がよく、凝固力が強いため、少ない量で固めることができます。

アガー

［アガーの種類］

製品による違いが大きいので、使用する製品が作りたいお菓子に適しているのか、確認が必要です。

寒天

［粉寒天の製造方法］

原料を洗浄し、成分を抽出します。濾過して寒天液と不用物にわけ、寒天液を凝固したのち脱水、乾燥、粉砕してから均質化し製品となります。

ペクチン

［ペクチンの種類と製造方法］

HM（ハイメトキシル）ペクチンとLM（ローメトキシル）ペクチンに分類されます。その違いは製造方法によります。りんごや柑橘類の皮を加水分解して、分離、凝縮してアルコール沈殿をさせたのち洗浄、乾燥、粉砕してHMペクチンを作ります。その後、脱メチル化、洗浄を経てLMペクチンを作ります。HMペクチンは酸と糖に反応して固まり、LMペクチンはカルシウムなどに反応して固まるので、それぞれの特性に応じて使い分けます。

凝固剤の比較

凝固剤の原料や使用条件、特徴などをまとめました。
製品によって異なりますので、使用するときは、パッケージを確認しましょう。

凝固剤の種類		ゼラチン	アガー	寒天	ペクチン	
					HM	LM
原料		動物（豚や牛など）の骨や皮、魚鱗などに含まれるコラーゲン	海藻（スギノリ、ツノマタなど）に含まれるカラギーナン、マメ科の種子に含まれるローカストビーンガム	海藻（テングサ、オゴノリなど紅藻類）	野菜や果物（りんごや柑橘類の皮）など	
性質		動物性	植物性	植物性	植物性	
主成分		コラーゲン（たんぱく質の一種）	食物繊維	食物繊維	食物繊維	
用途		ゼリー、ムース、パンナコッタ、ババロア、マシュマロ、レアチーズケーキ	ゼリー、水ようかん、杏仁豆腐	寒天ゼリー、錦玉かん、ようかん、ところてん、杏仁豆腐	パート・ド・フリュイ、高糖度のジャム	低糖度のジャムや牛乳を使ったゼリー、ナパージュ
凝固条件	溶ける温度	50〜60℃	80〜90℃	90℃以上	80〜100℃	80〜100℃
	固まり始める温度	15〜20℃	35〜60℃	35〜45℃	60〜80℃	50〜60℃
	一度固まったものが溶ける温度	25℃以上 ※常温で溶ける	60〜70℃ ※常温で安定する	85〜95℃ ※常温で安定する	80〜90℃ ※常温で安定する	100℃以上 ※常温で安定する
	添加率	2〜3%	1〜3%	0.3〜3%	1〜1.8%	0.2〜2%
	pH（酸への強度）	酸にやや弱い	酸にやや弱い	酸に弱い	酸に強い	——
	特性	たんぱく質分解酵素の影響を受ける（固まらない）	たんぱく質分解酵素の影響を受けない（固まる）	たんぱく質分解酵素の影響を受けない（固まる）	酸がなければ凝固しない	酸がなくても凝固する
特徴	食感	・口溶けがよい ・弾力と粘性が強い ・ぷるんとした食感	・口溶けがよい ・弾力と粘性が強い ・ぷるん、つるんとした食感	・歯切れがよい ・程よいかたさがある ・つるんとした食感	・しっかりした弾力が出せる	・やわらかくとろっと仕上がる
	色、透明度	黄みがかっている透明感がある	無色透明	白濁する	無色	無色
	凝固力	やわらかい	やや強い	とても強い	強い	やわらかい
					——	——
	エネルギー量 ※100gあたり	347kcal	約330kcal ※製品によって異なる	3kcal	0kcal	0kcal

9

砂糖について

甘みをつけるだけでなく、お菓子をしっとりさせたり
おいしそうな焼き色をつけるために不可欠な砂糖も、種類がさまざま。
その特徴を知ると仕上がりのイメージができるようになります。

◆ 砂糖とは

　砂糖きびや甜菜（ビート）を原料とし、絞り汁を清浄・濾過（「ファインリカー」ができる）→濃縮→結晶化→分離と乾燥を経てでき上がります（上白糖、グラニュー糖、三温糖など）。同じ砂糖きびを原料としても、精製途中の砂糖液をそのまま煮詰めて作るきび砂糖や、砂糖きびの絞り汁を煮詰めた黒糖など、作り方によってさまざまな種類に変わります。でき上がった砂糖にさらに加工を加えると、角砂糖や粉糖などとなります。

　砂糖には、甘みをつけることはもちろん、焼き色をつける作用（メイラード反応）や、水を引きつける力（保水力）があります。また、食品に含まれている水分を奪い取る力（脱水作用）があるため、食品を傷みにくくし、保存性を高めてくれます。生地の気泡の周囲にある水に溶け込んで粘度を高め、気泡を安定させる働きも持っています。

◆ 種類とその特徴

砂糖の種類	特徴
上白糖	不純物を取り除き、結晶化したものに転化糖を加えて作る日本特有の砂糖。甘みにコクがあり、しっとりと仕上がる。
グラニュー糖	細かい粒状に結晶させた精製糖の一種で、さらさらとしてクセがない。粒が大きい分、溶けにくいという性質も。
微粒子グラニュー糖	粒子の細かいグラニュー糖で、均一に混ざりやすく溶けやすいため、お菓子作りに向いている。
粉糖	グラニュー糖を粉状にしたもの。純粉糖、オリゴ糖入り、粉末水あめ入り、コーンスターチ入りなどの種類がある他、飾りつけに用いる、油脂をコーティングしたものもある。
カソナード	砂糖きびだけを使い、精製せずに作るフランス産の粗糖。豊かな風味で、コクのある味わいに。
きび砂糖	精製途中の砂糖液を、ミネラルなどを残した状態で煮詰めて作る。素朴な風味と甘さがあり、やや雑味が感じられる。
三温糖	上白糖やグラニュー糖を作るときに精製した糖蜜を、何度か加熱してカラメル化したもので、コクや香ばしさが感じられる。カラメルを添加したものもある。

小麦粉について

たくさんの種類があり、選ぶのが難しい小麦粉。
理想の食感を叶えるためには、特徴を知っておくことが大切です。
商品による違いについても解説します。

◆ 小麦粉の性質とは?

小麦粉にはグルテニンとグリアジンという2種のタンパク質が含まれています。グルテニンには引っ張ると元に戻ろうとする性質「弾性」、グリアジンにはよく伸びる性質「粘性」があります。この2つが水と合わさることで「グルテン」に変わり、粘弾性のある生地になるのです。

原料となる小麦には硬質小麦と軟質小麦があり、そのグルテンの質や含有量によって、生地の状態が大きく左右されるため、使い分けることでお菓子作りの幅が広がります。硬質小麦は主にパン用に、軟質小麦は主に製菓用に使われます。

◆ 種類とその用途

日本では、タンパク質の量によって大きく4種に分けられています。グルテンの量が少なく、性質が弱い順に、薄力粉、中力粉、準強力粉、強力粉に分類されます。スポンジやクッキーなどソフトな生地にしたいときは薄力粉、タルトなどしっかりとした生地にしたいときは準強力粉…といった具合に、選んで使います。

主な小麦粉の種類	グルテンの量	グルテンの性質
薄力粉	少ない	弱い
中力粉	やや少ない	やや弱い
準強力粉	やや多い	やや強い
強力粉	多い	強い

バターについて

豊かな風味やコク、味わいを出してくれるバター。
素材の持ち味がお菓子の味わいに、ダイレクトに影響するのが特徴です。組み合わせる食材によって選ぶことも大切です。

◆ どうやって作られる?

生乳を遠心分離機にかけ、原料となるクリームを分離させます。殺菌・冷却後、低温保持する「エージング」を行って熟成。激しく攪拌する「チャーニング」を行い、乳脂肪の小さな粒(バター粒)を作ります。水洗や加塩をしたのち、バター粒を練り合わせ、粒子中の水分や塩分を均一に分散させたら、なめらかな良質のバターが完成します。厚生労働省の乳等省令には「生乳、牛乳又は特別牛乳から得られた脂肪粒を練圧したもの」、「乳脂肪分80.0%以上、水分17.0%以下」と定義されています。

◆ 本書で使用している銘柄

材料表には「発酵バター」とあり、特にことわりがないものは明治の発酵バター(食塩不使用)を使用しています。賞味期限が短くインパクトがある発酵の香りが特徴的で、お菓子が風味よく香り高く仕上がります。

生菓子の一部分としてバターを使った土台などの場合は、味のバランスが変わることもあります。

◆ 凝固剤（ゼラチン、アガー、寒天、ペクチン）

板ゼラチン（エバルドシルバー）：豚皮が原料。うす板状の使いやすい高品質ゼラチンです。1枚あたり約3.3g。標準使用量1000gに対して12枚（39.6g）。／Ⓐ

パールアガー8：海藻が原料の凝固剤。透明度、弾力性および光沢に優れ、無味無臭なので、好みの色、味、香りがつけられます。常温で固まる。標準使用量は全体量に対して1.5～3%。／Ⓐ

HMペクチン：パート・ド・フリュイ、ジャムなどを作るときに使用するペクチンです。粒子が細かくダマになりやすいため、必ず砂糖と混ぜてから液体に加えます。／Ⓐ

リーフゼラチン（プレミアム、ゴールド、シルバー）：豚由来の板ゼラチンです。定番的存在で幅広い用途にも使えます。／Ⓑ

	プレミアム	ゴールド	シルバー
1枚の重さ	約2g	約2.5g	約3.3g
ゼリー強度	205クラス	195クラス	170クラス
標準使用量	1000gに対して10枚（20g）	1000gに対して8.5枚（21g）	1000gに対して7枚（23g）

粉末ゼラチン（ゴールド、シルバー）：牛由来の板ゼラチンです。においが極めて少なく、素材の持ち味を生かせます。ぷるんとした弾力が魅力です。／Ⓑ

	ゴールド	シルバー
ゼリー強度	200クラス	150クラス
標準使用量	1000gに対して20～25g	1000gに対して25～30g

顆粒ゼラチン（ニューシルバー）：牛由来の粉ゼラチンです。独自の製法により50℃前後の液体に直接振り入れることが可能となっている顆粒タイプです。においも少なく使いやすくなっています。／Ⓑ

	ニューシルバー
ゼリー強度	150クラス
標準使用量	1000gに対して25～30g

イナアガーL：常温で固まる植物性の凝固剤。標準使用量は全体量に対して1.5～2%。／Ⓒ

かんてんクック：粉末状の寒天。無味無臭でカロリーがゼロ、食物繊維が豊富。約500mlの寒天ゼリーを作るのに4gが標準使用量となります。／Ⓒ

◆その他の材料

フルーツピューレ：フルーツを完熟させてから収穫しピューレにしています。ラ・フルティエールのフルーツピューレはきび砂糖を使用しているのが特徴でフルーツらしさを前面に出した奥深い味わいです。／ⓓ

サワークリーム：生クリームを乳酸発酵させた発酵クリームです。爽やかな酸味が特徴的でムースに加えるとコクも増します。／ⓔ

生クリーム：本書では主に乳脂肪分36％前後、動物性の生クリームを使っています。／ⓔ

抹茶 城陽：香りがよく乳製品と合わせたときの発色がとてもよいです。深みのあるコクが特徴で、他の素材に負けない風味があります。高品質でお菓子作りに適しています。／ⓓ

フランス（鳥越製粉）：日本で最も早く開発された本格的フランスパン専用粉。小麦本来の風味と香ばしさが楽しめます。／ⓐ

皮無アーモンドプードル：カリフォルニア産のアーモンドを日本で粉末加工。アーモンド100％のピュアパウダーです。／ⓐ

バイオレット（日清製粉）：代表的な薄力粉。軽い仕上がりが特徴で、さまざまなお菓子に幅広く使えます。／ⓐ

微粒子グラニュー糖：生地に均一に混ざりやすく、お菓子作りに適した極めて微粒のグラニュー糖です。／ⓐ

チョコレート：開封したときが最も味や香りがよく食感もなめらかです。購入する際は使いきれる量を買いましょう。空気や光を遮断するアルミ製の袋にはいっているものがおすすめです。／ⓐ

水あめ：しっかりとしたかたさのある水あめ。無色透明ですっきりとした甘さです。本書ではギモーヴに使用しています。／ⓐ

トッピングシュガー：グラニュー糖より粒子が大きく、独特の食感が楽しめます。／ⓐ

お取り扱い：ⓐ TOMIZ（富澤商店）、ⓑ 新田ゼラチン、ⓒ 伊那食品工業、ⓓ ラ・フルティエール・ジャパン、ⓔ 中沢乳業

道具について

どんなものを使っているの？と、よくお問い合わせをいただく道具。
選ぶポイントやおすすめのものをご紹介します。
自分に合うものを選ぶことも大切なことです。

量る

◆ スケール

0.1g単位で量れるものがおすすめ
です。小数点以下を量りたいときは
微量計を使うとより正確です。

ふるう

ⓐ 粉ふるい

粉類のかたまりを取り除く他、空気
を含ませるために使用します。

ⓑ 茶漉し

少量の粉をふるうときや粉糖をふり
かける際に用います。

混ぜる

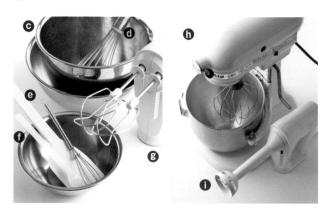

ⓒ ボウル

熱伝導のよいステンレス製を使っています。材料の容量に合わせ
て選べるよう大中小そろえましょう。
※本書の手順写真では、わかりやすいようガラス製を使用。

ⓓ 泡立て器

ワイヤーがしっかりし、レシピの分量に合っているものを使いましょ
う（本書では8番）。大きなボウル＆小さな泡立て器の場合、材料
が絡みにくいので時間がかかります。小さなボウル＆大きな泡立
て器だと、いつもより泡立てが早くなる場合もあります。

ⓔ ゴムベラ

生地をさっくり混ぜるのに使う他、生地を移すときにも便利です。
つなぎ目がないものが衛生的。

ⓕ シリコンスプーン

生地をならす際、細かな作業ができて便利。シリコン製を使って
います。つなぎ目がないものがおすすめです。

ⓖ ハンドミキサー

メーカーや商品によって違うため、まずはクセを知ることが大切。
ワイヤーの先端が細くない形のものがおすすめです。

ⓗ スタンドミキサー

キッチンエイド社のものを愛用。ボウルが固定され、自動で混ぜる、
練る、泡立てるといった作業ができます。

ⓘ ハンディブレンダー

本書ではピューレを作るときやクリームチーズを混ぜるときに使用
しています。メーカーや商品によって違うので、様子を見ながら使
いましょう。

のばす、焼く

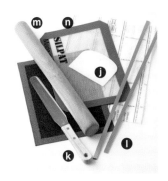

ⓙ カード
生地を平らにしたり、ボウルの中をさらったりするときに使用。ボウルのカーブに沿うよう、適度にしなるものが使いやすいです。

ⓚ パレットナイフ
平らなところにクリームをならすのに使います。適度にしなるものが使いやすくおすすめです。

ⓛ ルーラー
生地を均等な厚さにのばす際に使います。ある程度重さがあるものが一組あると使い勝手がよいです。

ⓜ 麺棒
生地をのばす際に使います。丈夫で重さのある木製のものがおすすめ。

ⓝ シルパン、シルパット
オーブンシート
シルパン、シルパットはどちらもグラスファイバーにシリコン加工したオーブンマットで、繰り返し洗って使えます。シルパットは、表面がつるっと平らで、焼き上がったお菓子も剥がしやすい（本書ではカカオニブのチュイルに使用）。シルパンは、グラスファイバーが網目のようになっていて穴があいていて、余分な油脂が落ちるので、サクサクに仕上げたいお菓子に向いています（本書ではギモーヴの土台生地に使用）。他に、使い捨てのオーブンシートも使用しています。

オーブン

リンナイのコンベクションオーブンを使っています。コンベクションオーブンはファンを内蔵してやわらかい熱風対流を起こし、食材を焼き上げる構造になっているため、庫内の温度が一定に保たれるのが特徴です。どんなオーブンでも焼きムラはどうしてもできるので、焼成の途中で天板の奥と手前を入れ替えるようにしましょう。電気オーブンは特に庫内の温度が下がりやすいので開閉は手早く、予熱をしっかりしましょう。

その他

◆ 網（ケーキクーラー）
足が高いものが、生地が冷めやすくおすすめです。焼き上げる大きさに合わせたものがあると便利。

◆ 絞り袋と口金
衛生的なので使い捨てタイプを使っています。ビニール製のため手の熱が伝わりやすいのがやや難点。

◆ 温度計
ムースやゼリーを作る際は温度管理がとても重要です。デジタルで数字が見やすいものを選びましょう。

下準備について

お菓子を作り始める前に必要な準備があります。なにげなく捉えがちですが、
ここにもポイントがあります。詳しいコツや注意してほしい点を解説します。

材料を計量する

繊細なお菓子作りは材料の分量の違いが、味はもちろん食感や香り、膨らみ方など、仕上がりに大きく影響します。途中で作業を止めてしまうと状態が変わってしまうので、スムーズに行うためにも、最初に全ての材料をきちんと量りそろえておきましょう。

粉類をふるう

小麦粉やアーモンドパウダー、粉糖などは、ふるいます。かたまりを取り除く他、空気を含ませることでふんわり焼き上がります。かたまりがあるとダマができるので、必ず行います。生地などに粉類を加えるときは、ふるいながら行うと分散して均一に混ざります。

クリームチーズやバターを常温でゆるめる

常温とは20〜25℃を想定しています。季節により温度が大きく異なるため注意してください。材料どうしを混ざりやすくしたり、乳化させたりするのに不可欠な作業です。電子レンジを使うと早くできますが、溶かしてしまうと冷やしても元に戻らないので注意しましょう。

板ゼラチンは冷水で戻す

板ゼラチンは水で戻してやわらかくしてから使います。水温が高いとゼラチンが溶けてしまうので、冷水や氷水に浸しましょう。種類や厚さによって戻るまでの時間等が異なります。浸す温度や時間はパッケージを参考にしましょう。詳しくはP28の下準備を参照。

卵白は冷やす

メレンゲで使用する卵白は冷やしておきます。冷えていない卵白を泡立てると、大きな気泡ができますが、不安定でつぶれやすい泡です。卵白を冷やすと泡立ちにくいのですが、泡立ったときにはキメの細かい安定した気泡ができます。

ゼラチン

Gelatin

ミルクゼリー
ブルーベリーソース添え
作り方 → P48
Gelée de lait au coulis de myrtilles

ワインゼリー 作り方 → P50
Gelée de vin

いちごのムース 作り方 → P51

Mousse à la fraise

ヨーグルトとブルーベリーのムース
作り方 → P54

Mousse de yaourt et de myrtilles

オレンジ・バニーユ 作り方 → P57

Mousse à l'orange et à la vanille

グリオット入りレアチーズムース

作り方 → P60

Mousse de fromage blanc et de griottes

ショコラ・オランジュ 作り方 → P65

Mousse au chocolat et à l'orange

フランボワーズ・ピスターシュ

作り方 → P70

Mousse de framboise et crème à la pistache

コーヒー・バナナムース 作り方 → P75

Mousse au café et à la banane

フランボワーズのギモーヴ
作り方 → P78
Guimauve à la framboise

ゼラチンで作る

基本の水ゼリー

ゼラチンでゼリーを作ると、なめらかな口溶けとぷるんとした食感に仕上がります。板ゼラチンの基本的な使い方を覚えましょう。

ゼラチンは20℃以下で凝固するので、冷蔵で冷やし固めます。この配合（添加率約1.2%）だと、すくうとふるふるとくずれる食感に仕上がります。ゼラチンの特性として時間経過とともに強度が増し、しっかりとした食感になります。

材料

口径75mm×高さ67mm・
　容量155mℓの器約4個分

水‥‥‥‥‥‥‥‥‥‥‥‥300g
微粒子グラニュー糖‥‥‥‥60g
板ゼラチン (エバルド)
　‥‥‥‥‥‥‥‥‥‥3.5g (約1.2%)

下準備

● 板ゼラチンは氷水で戻しておく（**a**）

　point　ゼラチンのパッケージには「冷水（10℃以下）で戻す」と書いてあることが多いが、水温が高いとゼラチンが部分的に溶け始めてしまうことも。個人的には氷水につけて冷蔵庫に入れておくのがおすすめ。

　point　浸す時間はメーカーの推奨時間を参考にする。水が冷たすぎると戻りが遅くなることがある。ここで使用しているエバルドの場合は5℃以下だと戻りが遅くなる。

　point　板ゼラチンの製品によって、戻る時間は異なるため、ゼラチンをさわって芯がない状態になったら完了。

　point　水温や時間など戻す条件を自分で決めておくと、上がり量（ゼリー液の重量）を同じにすることができる。

ゼラチンの検証時の条件について

・ゼラチンの効果を調べるために、影響力のない水を固めています。材料、作り方は、上記の「基本の水ゼリー」を基準にしています。なお、水は同じミネラルウォーターを使用。

・検証で主に使用した板ゼラチンは、エバルドのシルバーで、メーカー推奨標準使用量は1000gに対して12枚（39.6g）です。

・加熱方法は、電子レンジを用いました。ガスで加熱すると火力を一定に保つことが難しく、上がり量に差が生じやすいです。電磁調理器だと火力は一定

にできますが、混ぜ方によっても水分の飛ぶ量が異なる傾向があります。

・電子レンジでの加熱後に、上記の「基本の水ゼリー」のように混ぜて粗熱を取ると、水分の飛ぶ量に違いが生じ、上がり量が異なります。そこで、混ぜずに粗熱を取りました。

・ゼラチンの添加率は、液体量または全体量に対する加えるゼラチンの割合です。パッケージには液体量か全体量の明記がある場合とない場合があります。この検証では、添加率は「材料の液体量に対す

作り方

1 耐熱ボウルに水、グラニュー糖を合わせる（）。

2 電子レンジで3分加熱して混ぜ（）、溶かす。

   point 湯気があがるくらい（60℃程度）になっているのが目安。

3 板ゼラチンはキッチンペーパーなどにのせて水気をきる（）。

   point 水気が残っていると、ゼリーやムースに余分な水分が加わるので、しっかり水気をきる。

4 **2**を混ぜながら、**3**のゼラチンを加えて（）ゴムベラで混ぜ、ゼラチンを溶かす。

5 氷水に当てて粗熱を取る（）。

6 グラスに等分に注ぎ（）、冷蔵庫で2時間30分〜3時間冷やし固める。

   point ゼリー液は計量カップに入れて注ぐのがおすすめ。重量を計量しながら注ぐと等分に入れやすい。

・るゼラチンの量」としています。

・検証では、特に表記がない場合は、直径71mm×高さ62mm・容量130mℓのツマミ付きのプリン型（プラスチック製カップ）を用いています。1個あたりのゼリー液は約70g。

・ゼリーは2時間30分〜3時間程度で冷え固まりますが、ゼラチンは冷やし続けると20時間程度までは徐々にゼリーのかたさが増すという特性があることから、撮影・試食は12時間後と設定しました。

・ゼラチンはその特性により、型から出しづらいため、湯せんにかけてから型のツマミを折って空気を入れ、取り出しています。湯温は72〜74℃、湯せん時間は約6秒にできる限りそろえました。

湯せんにかけないと、写真のようにゼリーがちぎれてしまいます。

Vérification No.1

砂糖の量を変えると？

砂糖を増やすと、ゼリーの粘性、弾力と透明度が増す

砂糖の量とゼラチンのかたさの関係を検証してみました。

作り方は水300g、板ゼラチン9g（水に対して3%）に対し、微粒子グラニュー糖の量を0、60、120gと変化。加熱方法は条件をそろえるため、500Wの電子レンジで3分。使用した板ゼラチンはエバルドのシルバーです。

A グラニュー糖0g
B グラニュー糖60g
C グラニュー糖120g

どれもぷるんぷるんとした食感ですが、**A**、**B**、**C**と砂糖が増えるにつれ、粘性と弾力が増します。また、かたさの違いはアガー（検証①「砂糖の量を変えると？」〈P90〉）に比べると小さいです。

それよりも取り出すときに違いがありました。**A**は出すときにちぎれやすく、**C**は取り出しやすいです。溶け方はかき氷とシャーベットのイメージに近く、砂糖が入っていない**A**はかき氷を、砂糖が加わっている**C**はシャーベットが連想されます。砂糖が入っている方が溶けやすいといえるのではないでしょうか。これらは、濃度の薄い砂糖水と濃度の濃い砂糖水を凍らせた場合は、濃度が濃い方が、より低い温度でないと固まらないという現象に通じています。

また、透明度は、**A**、**B**、**C**と砂糖の量が増えるほどに増しています。これは、アガーの検証①（P90）、寒天の検証①（P128）も同様の傾向であることから、砂糖にそのような作用があるといえます。

A グラニュー糖 0 g

B グラニュー糖 60 g

C グラニュー糖 120 g

ゼラチンの量を変えると？

ゼラチンが多いとゼリーは しっかり固まり、 エッジがよく出る

板ゼラチンの基本的な添加率（使用量）はメーカーで規定されていますが、量を変えるとどのような変化があるのか、検証してみました。

作り方は水300g、微粒子グラニュー糖60gに対し、板ゼラチンの量を水に対して1、2、3％と変化。加熱方法は条件をそろえるため、500Wの電子レンジで3分。使用した板ゼラチンはエバルドのシルバーです。

A 板ゼラチン3g（1％）
B 板ゼラチン6g（2％）
C 板ゼラチン9g（3％）

食感は **A** が溶ける、**B** がぷるんぷるん、**C** がぷるんというように、ゼラチンを増やすとしっかり固まり、エッジがよく出ます。かたさの違いの他、甘みの感じ方も異なり、**A** が最も甘く感じます。**B** 、**C** の順に甘さを感じなくなります。これは、**A** がやわらかいためにゼリーが口いっぱいに広がるのに対し、**B** 、**C** がかたく一部しか触れないためと思われます。添加量は食べたときの味の広がりに影響するので規定量を参考にしつつ、好みの食感を見つけてください。

ちなみに、いずれも時間経過とともにかたさが増していきます。これはゼラチンの特性によるものです。

A 板ゼラチン3g（1%）

B 板ゼラチン6g（2%）

C 板ゼラチン9g（3%）

加えるレモン汁（酸）の量を変えると？

⌄

レモン汁が多いと、ゼリーにやわらかさが増す

ゼリーやムースを作る際に、酸味のあるフルーツを合わせることも多いです。ゼラチンは酸による影響をどのように受けるのでしょうか。レモン汁を加えるとどのように変化するのか、検証してみました。

作り方は、微粒子グラニュー糖60g、板ゼラチン9g（液体量に対して3%）を統一し、レモン汁の添加量を20g、40g、60gと変化。水の量はゼラチンの添加率が3%になるように280、260、240gと調整しています。

加熱方法は条件をそろえるため、500Wの電子レンジを使用し、加熱時間は加熱する液体量によって、以下の通りに変えています。なお、使用した板ゼラチンはエバルドのシルバーです。

A 水280g、レモン汁20g。電子レンジで2分55秒加熱。加熱後にレモン汁を加える。

B 水260g、レモン汁40g。電子レンジで2分50秒加熱。加熱後にレモン汁を加える。

C 水240g、レモン汁60g。電子レンジで2分40秒加熱。加熱後にレモン汁を加える。

D 水240g、レモン汁60g。レモン汁を加えてから、電子レンジで3分加熱。

酸の量の影響の検証と同時に、酸が加熱による影響を受けるかどうかも、検証しました。

A、**B**、**C** が「**水+グラニュー糖→電子レンジ加熱→ゼラチン添加→レモン汁添加**」であるのに対し、**D** は「**水+グラニュー糖+レモン汁→電子レンジ加熱→ゼラチン添加**」です。

食感はどれもぷるんぷるんで、指で押すと **A** より **B** がややわらか、**C** が最もやわらかく、**D** が一番しっかりしています。写真の中央上部のエッジに違いが出ています。

つまり、酸の添加量が増えるとゼラチンは固まりにくくなります。ただし、同じ分量のレモン汁を、加熱後に加えた **C** と、加熱している **D** を比べると、**C** の方が粘性があり、**D** の方がしっかりしていることから、酸を一緒に加熱すると、酸の作用は弱まる、といえます。

また、型から取り出す際に溶けやすいことから、レモンが粘着度合いを下げる可能性があります。

A 加熱後にレモン汁 20g を添加

B 加熱後にレモン汁 40g を添加

C 加熱後にレモン汁 60g を添加

D レモン汁 60g を添加してから加熱

生のパイナップルを加えると
ゼラチンが固まらないって本当？

ゼリーは固まらない

ゼラチンのパッケージに記載がある通り、生のパイナップルやキウイフルーツ等はゼラチンに含まれるタンパク質を分解する酵素があるため、ゼリーが固まらなくなります。生のパイナップル（非加熱）と加熱したパイナップルを同条件のゼリー液に加えて、検証しました。

作り方は水300g、微粒子グラニュー糖60g、板ゼラチン9g（液体量に対して3%）を統一し、加熱方法は条件をそろえるため、500Wの電子レンジで3分。なお、使用した板ゼラチンはエバルドのシルバーです。ゼリー液を作って型に流し、パイナップルを入れて冷やし固めました。パイナップルは以下の通り、非加熱（生）と加熱したものです。

A 非加熱パイナップル15g

B 加熱パイナップル15g
（生のパイナップル15gを電子レンジで
3分加熱し、冷まして使用）

A のゼリー液はまったく固まりませんでしたが、**B** はしっかり固まっています。このことから、パイナップルに含まれるタンパク質を分解する酵素が熱で壊れ、タンパク質（ゼラチン）を固める力に影響がなかったと思われます。

A 固まる前のゼリー液に、
非加熱パイナップルを投入

B 固まる前のゼリー液に、
加熱パイナップルを投入

生のパイナップルは、固まっているゼリーにも作用するの？

固まっているゼリーも溶かす

左記の検証結果を受け、すでに冷やし固めてある
ゼリーにもパイナップルの酵素が同じように作用す
るのか、またゼラチンの量はどのように影響があ
るのかについて、検証してみました。

水300g、グラニュー糖60gに対し、板ゼラチン
は3、6、9gと変えました。加熱方法は条件をそ
ろえるため、500Wの電子レンジで3分。この3
種類は、検証②「ゼラチンの量を変えると？」(P32)
と同じ条件なので、型から出した写真を見てみると、
そのかたさの違いがよくわかります。

C、**D**、**E** はいずれも冷やし固めたゼリーに、
生のパイナップル8gをのせました。のせてから16
時間後の状態を検証しました。ゼラチンの添加量
は以下の通りです。

C 板ゼラチン3g (1%)

D 板ゼラチン6g (2%)

E 板ゼラチン9g (3%)

パイナップルは **C** が完全に沈み、**D** が半分ほど、
E は少し沈み始めています。このように、生のパ
イナップルは、ゼラチンの固まる作用を固まる前で
もあとでも、阻害することが明らかです。固めた
ゼリーの溶け方はゼリーのかたさに比例している
といえます。

タンパク質を分解する酵素を持っているフルーツは、
パイナップルやキウイフルーツ、マンゴー、パパイ
ヤ等です。他には、しょうがにも含まれます。ゼラ
チンでゼリーを作るときは、ゼリー液にフルーツを
入れる場合も、固めたあとにのせる場合も、これ
らのフルーツはひと煮立ちさせるか缶詰を使用し
ましょう。ナパージュとしてゼラチン溶液を使用す
る場合も注意が必要です。

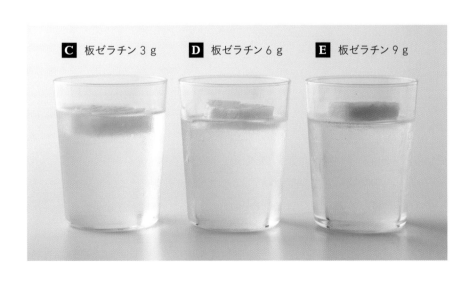

C 板ゼラチン3g　　**D** 板ゼラチン6g　　**E** 板ゼラチン9g

Vérification No.5

乳脂肪分の濃度はゼラチンに影響する？

乳脂肪分が高い方が、ゼリーはしっかり固まる

ムースを作る際に生クリームや牛乳をよく使いますが、これらはムースの仕上がりのかたさに大きく影響する副素材です。そこで、牛乳と生クリームで検証してみました。生クリームは乳脂肪分の違いが顕著なので、それも検証してみました。

作り方は水300gを以下の通り、牛乳や生クリームに変え、微粒子グラニュー糖60g、板ゼラチン9g（液体量に対して3%）。加熱方法は条件をそろえるため、500Wの電子レンジで3分。なお、使用した板ゼラチンはエバルドのシルバーです。

A 生クリーム（乳脂肪分36%）

B 生クリーム（乳脂肪分45%）

C 牛乳

かたさは **A** がややぷるんぷるん、**B** がぷるんとせずにしっかりとしている、**C** がぷるんぷるんというように、違いがあります。**A** と **B** を比べると、乳脂肪分が高い方がしっかりと固まり、エッジが立っていることがわかります。また、**A**、**B**、**C** の違いは、牛乳と生クリームの水分量が異なるため、ゼリーの仕上がりのかたさに影響を及ぼしたと考えられます。

ムースを作る際にも乳脂肪分の濃度が仕上がりに同様に影響を与えるので、生クリームを選ぶときに留意しましょう。

例えば、生クリームのパンナコッタを軽く仕上げるために牛乳で割る場合と、濃厚に仕上げるために生クリームのみで作る場合とでは、ゼラチンの量を変える必要があります。

A 生クリーム（乳脂肪分 36%）

B 生クリーム（乳脂肪分 45%）

C 牛乳

ゼラチンはアルコールの影響を受けるのか？

アルコールが多い方が ゼリーはやわらかい

通説では、アルコールを加えるとゼラチンの固まる力は弱まるといわれています。どのように影響するのか、検証しました。

作り方は、微粒子グラニュー糖60ｇ、板ゼラチン9ｇ（液体量に対して3%）を統一し、赤ワインの添加量を20ｇ、40ｇ、60ｇと変化。水の量はゼラチンの添加率が3%になるように280、260、240ｇと調整しています。加熱方法は条件をそろえるため、500Wの電子レンジを使用し、加熱時間は加熱する液体量によって、右記の通りに変えています。なお、使用した板ゼラチンはエバルドのシルバーです。赤ワインは加熱後、最後に加えています。

A 水280ｇ、赤ワイン20ｇ。
電子レンジで2分55秒加熱。

B 水260ｇ、赤ワイン40ｇ。
電子レンジで2分50秒加熱。

C 水240ｇ、赤ワイン60ｇ。
電子レンジで2分40秒加熱。

A、**B**、**C**の順で**C**が最もやわらかいですが、その差はわずかでした。また、アルコールが多い方が、型から取り出す際に溶けやすいという傾向がありました。叩いたときの弾力は**A**が最もあり、まとわりつく感じ（粘性）は**C**が最もありました。

A 水 280g ＋赤ワイン 20g

B 水 260g ＋赤ワイン 40g

C 水 240g ＋赤ワイン 60g

左記の違いがわずかだったため、赤ワインの量を大幅に変えた検証もさらに行いました。

作り方は、グラニュー糖60ｇ、板ゼラチン9ｇ（3％）を統一し、赤ワインの添加量を、0ｇ（水のみ）、150ｇ、300ｇと変化。加熱方法は条件をそろえるため、電子レンジを使用し、加熱時間は総量に合わせて、以下の通りに変えています。なお、使用した板ゼラチンはエバルドのシルバーです。赤ワインは加熱後、最後に加えています。

D 水300ｇ、赤ワイン0ｇ。
電子レンジで3分加熱。

E 水150ｇ、赤ワイン150ｇ。
電子レンジで1分30秒加熱。

F 水0ｇ、赤ワイン300ｇ。
電子レンジでグラニュー糖と赤ワイン50ｇを30秒加熱し、ゼラチンを溶かしてから、赤ワイン250ｇを加える。

※ワイン全量を加熱すると、アルコール分が飛んでしまい、比較できないので一部（50ｇ）を加熱。

D、**E**、**F**の順で**F**が最もやわらかく、弾力がなくなります。写真の通り、赤ワインが多い**F**はエッジが立っていないことが明らかです。つまり、通説の通り、アルコールが多いとゼラチンの固まる力は弱くなるといえます。この結果を踏まえて、P50のワイン

ゼリーはゼラチンの量が多めの配合になっています。なお、アルコールが多い場合は、ゼラチンが溶けきらない可能性があります。

写真にはありませんが、ラム酒、ウォッカでも同様の検証を行ったところ、同様の結果が得られました。つまり、アルコールの量が多いとやわらかいといえます。

さらに、アルコール度数の違いについても検証してみました。写真にはありませんが、ラム酒の度数違い（43度と54度）、ウォッカの度数違い（40度、50度）を比較したところ、ラム酒、ウォッカどちらでも、アルコール度数が高い方がややしっかりと弾力がありました。この結果は想定と異なりましたが、アルコール度数によってもかたさが異なることがわかりました。

アルコールを加えると、ゼリーは取り出しやすく感じられました。湯せんで溶ける量が多く、泡が立ちやすいことから、アルコールによって、ゼラチンの粘性が落ちたと考えられます。

また、写真の通り、赤ワインを加えたゼリー（**A**、**B**、**C**、**E**、**F**）はいずれも濁りました。赤ワインが多くなると濁り度合いが増しています。それに対し、ラム酒とウォッカでは濁りませんでした。このことから、赤ワインに濁る理由があると考えられます。その原因を探るため、検証⑦「紅茶や赤ワインのゼリーが濁る原因は?」（P42）を行いました。

D 水 300g+ 赤ワイン 0g

E 水 150g+ 赤ワイン 150g

F 水 0g+ 赤ワイン 300g

紅茶や赤ワインのゼリーが濁る原因は？

⌄

豚由来のゼラチンは、ポリフェノールの影響で濁る

検証⑥「ゼラチンはアルコールの影響を受けるのか?」(P40)では赤ワイン入りのゼリーが濁りました。これは、豚由来のゼラチンはポリフェノールの影響で濁るためです。赤ワイン以外にも、ポリフェノールの一種であるタンニンが含まれる紅茶で検証してみました。

作り方は、紅茶300g(水380g、ティーバッグ2個で抽出し300gを計量)、微粒子グラニュー糖60gに対し、ゼラチン9g(液体量に対して3%)を豚由来と牛由来とで比較。加熱方法は条件をそろえるため、500Wの電子レンジで3分。なお、使用したゼラチンは以下の通りです。写真の紅茶の茶葉はダージリンです。

A リーフゼラチンシルバー(豚由来の板ゼラチン)。メーカー推奨標準使用量は1000gに対して7枚(23g)。

B ニューシルバー(牛由来の顆粒ゼラチン)。メーカー推奨標準使用量は1000gに対して25〜30g。

A は白濁していますが、**B** は白濁しておらず、透明度が高いままです。つまり、赤ワイン、紅茶ともに豚由来のゼラチンだと濁り、牛由来のゼラチンだと濁りません。赤ワインと紅茶に共通する成分はポリフェノール。ポリフェノールによって豚由来のゼラチンは濁り、牛由来のゼラチンは影響を受けないことがわかりました。紅茶は、他にもセイロンでも作り比べたところ、同様の結果となりました。

紅茶を冷やした際に白濁することがありますが、これは紅茶に含まれるタンニンとカフェインが冷却時に結合して白濁するためです(クリームダウン)。

紅茶ゼリーを作るときに、紅茶にゼラチンを加えたとたんに白濁するのは、ポリフェノールの一種であるタンニンとゼラチンの反応によるものです。この濁りは、ゼラチンの等イオン点(という性質)に依存した反応です。

一般に豚由来ゼラチンはpH7〜9の等イオン点を持ち、牛由来ゼラチンはpH5付近の等イオン点を持ちます。このpH値よりも低い値の場合、紅茶に含まれるタンニンと反応し白濁します。つまり、豚由来ゼラチンの場合は、中性付近のpHでも濁りを発生しますが、牛由来ゼラチンの場合は5以下の低いpH域で濁りを生じます。

このことを踏まえ、白濁しないはずの牛由来ゼラチンで作る紅茶液に最後にレモンを加えてみると、pH値が変わったことによって牛由来ゼラチンを使用したとしても白濁する現象が起きました。つまり、レモンティー味のゼリーを白濁せずに作りたい場合は、ゼラチン以外の凝固剤を選ぶ必要があります。

ポリフェノールを含む赤ぶどうジュースにゼラチンを混ぜても白濁しない場合がありますが、これはぶどうジュースのpH値が高い、またはポリフェノール量が少ないということが考えられます。

このように白濁するか否かは、ポリフェノールだけでなく、pHも関係していますが、製品のポリフェノール量やpH値はわかりません。つまり、ポリフェノールを含む赤ワイン、紅茶、赤ぶどうやブルーベリーなどでゼリーを作る際には、透明感を出したいときは牛由来のゼラチンやアガーを使用しましょう（アガーでも赤ワインで検証しましたが、白濁しません（検証⑥「アガーはアルコールの影響を受けるのか?」〈P98〉）。

A 豚由来の板ゼラチン

B 牛由来の顆粒ゼラチン

砂糖の種類を変えると？

かたさに違いがあり、甘みの感じ方も異なる

砂糖の量でかたさが異なることが検証①「砂糖の量を変えると?」(P30)でわかりました。では、砂糖の種類によって、ゼラチンの凝固力にどのような影響があるのか、微粒子グラニュー糖、上白糖、カソナード、黒糖で検証してみました。

作り方は、水300g、砂糖60g、板ゼラチン9g（液体量に対して3%）で統一し、加熱方法は条件をそろえるため、500Wの電子レンジで3分。砂糖の種類の違いは以下の通りです。なお、使用した板ゼラチンはエバルドのシルバーです。

A 微粒子グラニュー糖
B 上白糖
C カソナード
D 黒糖

粘性やかたさに違いがありました。**B** の上白糖は粘性が高くしっかりしているのに対し、**C** のカソナードは粘性がやや低く、**A** よりやわらかく、**D** の黒糖は粘性が高く、やわらかいと感じました。**B** と **C** の粘性は近いものがありました。

甘みの感じ方も異なり、**A** のグラニュー糖は **B**

の上白糖に比べて後から甘みを感じます。**B** は最初から甘さを感じて最後まで持続します。**C** のカソナードは後半に甘みを感じ、**D** の黒糖は最初から甘みを感じます。

本来それぞれの砂糖の甘さの感じ方は、その種類により異なります。今回の検証では砂糖の種類を変えることで、それぞれ粘性やかたさが異なることがわかりました。検証②「ゼラチンの量を変えると?」(P32)の結果から、かたさが異なると口溶けのよさに違いがあるという点を踏まえて考えると、砂糖の種類の違いは砂糖の味の広がり方に対しても影響があるといえます。

また、**B** は取り出しにくいという傾向もありました。上白糖に含まれる転化糖が影響している可能性があります。

砂糖は、種類や製品によってミネラル分など含まれる成分も異なります。これらのことからも、砂糖の種類によって、仕上がりのかたさや粘性、甘さの感じ方に違いが出るので、そのことを考慮した上で、砂糖の種類を選定する必要があります。

A 微粒子グラニュー糖

B 上白糖

C カソナード

D 黒糖

45

ゼラチンのグレードを変えると？

グレードが高い方が、口溶けがすっきりし、透明度が増す

ゼラチンにはグレードがあります。グレードの呼び方はメーカーにより異なりますが、グレードが高いものが高品質で透明度が高く、少ない量で固まるという傾向があります。実際に、グレードの違いを板ゼラチン3種、粉ゼラチン2種で検証してみました。

作り方は水300g、微粒子グラニュー糖60gに対し、ゼラチン量はメーカー推奨の最小値で統一しました。加熱方法は条件をそろえるため、500Wの電子レンジで3分。板ゼラチンは新田ゼラチンのものを使用。グレードとその量は、以下の通りです。なお、粉ゼラチンはゼラチンの4倍量の水で15分ほどふやかしてから使っています。

Ａ 板ゼラチン「シルバー」6.9g (2.3%)
Ｂ 板ゼラチン「ゴールド」6.3g (2.1%)
Ｃ 板ゼラチン「プレミアム」6g (2%)
Ｄ 粉ゼラチン「シルバー」7.5g (2.5%)
Ｅ 粉ゼラチン「ゴールド」6g (2%)

板ゼラチンは**Ａ**、**Ｂ**、**Ｃ**の順、つまりグレードが高くなるにつれ、透明度と弾力が増します。また、**Ａ**はまとわりつくような口溶けですが、グレードが高いほどすっきりとしています。板ゼラチンには

独特のにおいがありますが、**Ａ**、**Ｂ**、**Ｃ**の順にやわらぎます。ただ、これは水ゼリーだと感じますが、さまざまな素材が加わるムースなどではあまり感じられません。

また、**Ｃ**のプレミアムは、製品自体が一番薄く液体に溶けやすいので、作業効率がよく感じられました。

粉ゼラチンでも板ゼラチン同様に、**Ｄ**、**Ｅ**の順にグレードが高い方が透明度と弾力が増します。口溶けもグレードが高いほどすっきりとしています。板ゼラチンよりも粉ゼラチンの方が、若干透明度が高いように感じられます。においを確認したところ、板ゼラチンに比べてありませんでした。ただ、粉ゼラチンは透明度が低く、においがあるという通説があるので、これはメーカー、製品によるものかもしれません。

板ゼラチン、粉ゼラチンどちらでも、グレードが高いほどに、透明度と弾力が高く、口溶けがよいことがわかりました。ただし、板と粉とで作業効率や添加率の考えやすさなどに違いがありますので、それらも踏まえて選ぶことをおすすめします。

A 板ゼラチン「シルバー」　　　B 板ゼラチン「ゴールド」　　　C 板ゼラチン「プレミアム」

D 粉ゼラチン「シルバー」　　　E 粉ゼラチン「ゴールド」

47

ミルクゼリー
ブルーベリーソース添え
Gelée de lait au coulis de myrtilles

牛乳にヨーグルトを加えて酸味と深みを、生クリームを加えてコクを足しています。さらに渋みが感じられるブルーベリーのソースをかけることで、大人も楽しめる味わいです。ブルーベリーは漉してミルクゼリーのなめらかさを邪魔しないソースに仕上げています。

下から
1層目：ミルクゼリー
2層目：ブルーベリーソース

材料

直径55mm×高さ70mm・
　容量120mℓの器7個分

◆ ミルクゼリー
牛乳 ………………… 300g (75g+225g)
微粒子グラニュー糖…………60g
板ゼラチン (エバルド) …………7.5g
プレーンヨーグルト (無糖) ……75g
生クリーム (乳脂肪分36%) ………75g

◆ ブルーベリーソース
　　(作りやすい量)
冷凍ブルーベリー ……………120g
微粒子グラニュー糖…………45g
赤ワイン………………………30g
水………………………………45g
ブルーベリーリキュール ……7.5g

下準備

【ブルーベリーソース】

● ブルーベリーとグラニュー糖を合わせてマリネして、3時間程度おく (a)

　point　写真のように水分が出てくる。

【ミルクゼリー】

● 牛乳は冷やしておく

● 板ゼラチンは氷水で戻しておく (P28参照)

● ヨーグルトは泡立て器でなめらかにしておく

【ミルクゼリーを作る】

1 耐熱ボウルに牛乳75gとグラニュー糖を合わせ、電子レンジで1分加熱する。

> **point** 加熱後に湯気があがっていることを確認する。

> **point** 牛乳は全量温めず、ゼラチンを溶かすのに必要な分量のみ加熱する。

2 板ゼラチンの水気をきって、**1**に加えて（**b**）混ぜる。

3 ヨーグルトを泡立て器で混ぜながら、**2**を加える（**c**）。

4 牛乳の残り225g、生クリームを加え（**d**）、その都度ゴムベラで混ぜる（**e**）。氷水に当てて粗熱を取る。

5 グラスに等分に注ぎ（**f**）、冷蔵庫で2時間30分～3時間冷やし固める。

【ブルーベリーソースを作る】
※ミルクゼリーが冷え固まってから作る。

6 マリネしておいたブルーベリーを鍋に移し、赤ワイン、水を加えて火にかける。軽く潰しながら、弱めの中火で煮る。液体に少しとろみがつくのが目安（**g**）。

7 ハンディブレンダーで撹拌しリキュールを加えて混ぜ、漉す（**h**）。

> **point** 漉すことで繊維のざらつきがないなめらかなソースになるので、必ず漉す。

【組み立てる】

8 **5**のミルクゼリーに**7**のブルーベリーソースを5gずつかける。

※ミルクゼリー、ブルーベリーソースは、それぞれ冷蔵で翌日まで保存可。食べる直前にブルーベリーソースをかける。

ワインゼリー

Gelée de vin

友人と訪れたドイツで出合った「グリューワイン」。本来はスパイスや柑橘系の果物数種類を使ったホットワインですが、赤ワインとりんごジュースを合わせて使うことで、食べやすいゼリーに仕上げています。ブラッドオレンジの飾りも味の構成に必要なパーツです。ワインの白濁の検証（P42）を考えるきっかけになりました。

材料

口径92mm×高さ30mm・
　容量120mlのグラス6個分

りんごジュース（100%）………… 200g
シナモンスティック ……………… 1本
クローブ…………………………… 2個
オレンジの皮‥10mm幅、70mm程度
微粒子グラニュー糖……………… 50g
板ゼラチン（エバルド）…………… 7g
赤ワイン…………………………… 200g
ブラッドオレンジ………………… 適量

下準備

● 板ゼラチンは氷水で戻しておく
　（P28参照）

● りんごジュースにシナモンスティック、クローブ、オレンジの皮を浸して（）、冷蔵庫で1〜2時間おく

作り方

1 スパイス等を浸しておいたりんごジュースを鍋に移し、グラニュー糖を加えて火にかけ、グラニュー糖を溶かす。※鍋のフチがフツフツと沸くくらい（60℃程度）が目安（）。

2 **1**の火を止め、板ゼラチンの水気をきって加えて混ぜ、ゼラチンを溶かして漉す（）。

3 赤ワインを加えて混ぜ、氷水に当てて粗熱を取る（）。

> **point** 赤ワインのアルコール分を弱めたい場合は、**1**で加えてりんごジュースと一緒に温める。

4 グラスに等分に注ぎ、冷蔵庫で2時間30分〜3時間冷やし固める。

5 オレンジは房を取り出し、食べる直前に**4**にのせる。

※冷蔵で翌日まで保存可。作ってから時間が経つとかたさが増す。

下から
1層目：いちごのムース
2層目：いちごジュレ

いちごのムース

Mousse à la fraise

いちごに牛乳をかけて潰した、いちごミルクをイメージ。ふんわりとした口溶けのムースです。いちごのフレッシュさを味わいたいので、火を入れていません。卵などを使用しないシンプルなムースはいくらでも食べられる飽きのこない味です。いちごの品種で味が変わります。酸味のある「とちおとめ」がおすすめです。

材料

直径81mm×高さ65mm・
容量290mℓの器2個分

◆ いちごのムース
いちご························ 230g（約20個）
微粒子グラニュー糖··············40g
板ゼラチン（エバルド）················5g
生クリーム（乳脂肪分36％）······145g

◆ いちごジュレ
冷凍いちご（前の晩に冷凍しておく）
··································150g
冷凍フランボワーズ···············20g
微粒子グラニュー糖··············25g
板ゼラチン（エバルド）·············1.5g

◆ 飾り用
いちご·······························適量

下準備

【いちごのムース】

● 板ゼラチンは、氷水で戻しておく（P28参照）

【いちごジュレ】

● 板ゼラチンは氷水で戻しておく（P28参照）

● いちごジュレの冷凍いちご、冷凍フランボワーズ、グラニュー糖を合わせてマリネして、2時間程度おく（a）

point いちごは冷凍することで果物の繊維が壊れやすくなり、写真のように水分がよく出る。

作り方

【いちごをグラスに貼る】

1 飾り用のいちごは2mm厚さに切り、グラスに貼りつける（**b**）。

【いちごムースを作る】

2 ボウルに生クリーム、グラニュー糖を入れ、ボウルの底を氷水に当てて、ハンドミキサーで泡立てる（P136参照）。ツノがギリギリ立つくらいにゆるめに泡立てる（**c**）。

3 いちごはハンディブレンダーで攪拌し（**d**）、ピューレ状にする（ピューレ210gを使用する）。

4 ボウルに板ゼラチンを入れて湯せんで溶かす（**e**）。

5 **4**のゼラチンに**3**のいちごピューレ⅓量を加え（**f**）、ゴムベラで混ぜてなじませる。

6 **3**の残りをボウルに移して**5**を戻し入れ（**g**）、ゴムベラで素早く混ぜる。

7 **2**の生クリームを泡立て器で均一にしてから**6**を加え（**h**）、ゴムベラで混ぜる（**i**）。

> **point** いちごピューレが重く、ボウルの底に沈むので、ゴムベラを立てて中心から渦を描くようにぐるぐると混ぜると、ピューレが自然に出てきて混ざりやすい。

【いちごムースをグラスに入れる】

8 **7**のいちごムースを直径12mmの丸口金をつけた絞り袋に入れて（P136参照）、**1**に等分に絞る（**j**）。

9 グラスの底に手を当てて、トントンと軽く打ちつけて表面を平らにする（**k**）。冷蔵庫で2時間30分～3時間冷やし固める。

【いちごジュレを作る】

※いちごムースが冷え固まってから作る。

10 マリネしておいたいちご、フランボワーズを電子レンジで3～4分加熱する。

> **point** ふきこぼれやすいので、大きめの耐熱ボウルを使う。

11 **10**を漉して、果肉と果汁に分け（**l**）、果汁は75gほど使用する。

> **point** 漉すときに押すとアクが出るので、自然に果汁を落とす。

> **point** 果汁が足りないときは、果肉を再び加熱して果汁を出し、同様に漉す。

※果肉は使わないので、新たに用意したいちごと合わせるなどしてジャムなどに活用するとよい。

12 果汁は茶漉しで漉してアクを取り（**m**）、さらに刷毛でもアクを丁寧に取り除く（**n**）。

13 板ゼラチンの水気をきって加え、ゴムベラで混ぜてゼラチンを溶かし、漉す（**o**）。粗熱を取る。

【組み立てる】

14 **9**のいちごムースに**13**のいちごジュレを等分に注ぐ（**p**）。冷蔵庫で2時間30分～3時間冷やし固める。

※冷蔵で翌日まで保存可。いちごは加熱せずに使用するので早めに食べきる。

ヨーグルトと ブルーベリーのムース

Mousse de yaourt et de myrtilles

ホワイトチョコレートをブルーベリームースに加えてコクを出し、さっぱりとしたヨーグルトムースと合わせました。ヨーグルトムースにはオレンジのリキュールを使って爽やかな仕上がりになっています。見た目よりも複雑な味の組み合わせを楽しんでほしいお菓子です。

下から
1層目：ブルーベリームース
2層目：ヨーグルトムース
飾り：ブルーベリー、ホワイトチョコレート

材料

口径75mm×高さ67mm・
容量155mℓの器8個分

◆ ブルーベリームース

ブルーベリーピューレ（冷凍・加糖）
……………………………80g
板ゼラチン（エバルド）…………2.8g
クーベルチュール・ホワイトチョコ
レート（カカオ分29％）…………50g
┌ 生クリーム（乳脂肪分36％）……60g
└ 微粒子グラニュー糖………20g
生クリーム（乳脂肪分36％）………50g
プレーンヨーグルト（無糖）………80g
レモン汁…………………………10g

◆ ヨーグルトムース

プレーンヨーグルト（無糖）……200g
板ゼラチン（エバルド）…………2.8g
┌ 生クリーム（乳脂肪分36％）……80g
└ 微粒子グラニュー糖…………30g
レモン汁………………………………3g
グランマニエ…………………………2g

◆ 飾り

クーベルチュール・ホワイトチョコ
レート（カカオ分29％）…20～30g
ブルーベリー……………………適量

下準備

【ブルーベリームース】

● ブルーベリーピューレは解凍しておく

● 板ゼラチンは氷水で戻しておく（**a**・P28参照）

● ヨーグルトは泡立て器でなめらかにしておく（**b**）

【ヨーグルトムース】

● 板ゼラチンは氷水で戻しておく（**a**・P28参照）

● ヨーグルトは泡立て器でなめらかにしておく（**b**）

道具の紹介

デコレーションコーム
デコレーションケーキやチョコレートに模様をつけることができる。

作り方

【ブルーベリームースを作る】

1 ボウルに生クリーム60g、グラニュー糖を入れ、ボウルの底を氷水に当てて、ハンドミキサーで泡立てる（P136参照）。ツノがギリギリ立つくらいにゆるめに泡立てる（**c**）。

2 ボウルに板ゼラチンを入れて湯せんで溶かし、ブルーベリーピューレ⅓量を加え、泡立て器で混ぜてなじませる。

3 ブルーベリーピューレの残りに**2**を戻し入れ、泡立て器で素早く混ぜる。

4 ホワイトチョコレートは耐熱ボウルに入れて電子レンジで30秒加熱し、さらに20秒加熱して、半分ほど溶かす。

5 生クリーム50gは耐熱ボウルに入れて電子レンジで湯気が出るくらいまで30秒程度加熱し、**4**に加えて（**d**）泡立て器でぐるぐると混ぜる（**e**）。

6 **5**に**3**を加えてよく混ぜて（**f**）乳化させる。ヨーグルト、レモン汁を加え、その都度泡立て器で混ぜる（**g**）。

7 **1**に**6**を加え、ゴムベラを立てて中心から渦を描くようにぐるぐると混ぜる（**h**）。直径12mmの丸口金をつけた絞り袋に入れて（P136参照）、器に等分に絞る（**i**）。器の底に手を当てて、トントンと軽く打ちつけて表面を平らにする。冷蔵庫で2時間30分〜3時間冷やし固める。

ヨーグルトとブルーベリーのムース

作り方

【ヨーグルトムースを作る】
※ブルーベリームースが冷え固まってから作る。

8 ボウルに生クリーム、グラニュー糖を入れ、**1**と同様に泡立てる（**j**）。

9 別のボウルに板ゼラチンを入れて湯せんで溶かし、ヨーグルト⅓量を入れてゴムベラで混ぜてなじませる。

10 ヨーグルトの残りに**9**を戻し入れ（**k**）、ゴムベラで素早く混ぜる（**l**）。

11 レモン汁とグランマニエを加えて混ぜ、**7**と同様にゴムベラを立てて混ぜる。

12 直径12mmの丸口金をつけた絞り袋に入れて（P136参照）、**7**に等分に絞る（**m**）。器の底に手を当てて、トントンと軽く打ちつけて表面を平らにする。冷蔵庫で2時間30分〜3時間冷やし固める。

【チョコレートの飾りを作る】
※ヨーグルトムースを器に入れたら、作る。

13 耐熱ボウルにチョコレートを入れ、電子レンジで30秒＋20秒加熱し、ゴムベラで混ぜて溶かす。

> **point** チョコレートは加熱しすぎないように数回に分けて様子を見ながら加熱する。

14 ギターシート（50×180mm大）に**13**のチョコレートを流し、パレットナイフで2mm程度の厚さにのばす（**n**）。固まる前にデコレーションコームを使って線を引く（**o**）。フチが固まり始めたらギターシートを持ち上げて筒状にし（**p**）、丸い形をキープして固まるまで待つ。

> **point** ギターシートは厚手のチョコレート用ビニールシートで、表面にシワがよりにくい。製菓材料店やインターネットで購入可。
> ＊しっかり固まったら、ギターシートからはずして使用する。

【組み立てる】
ヨーグルトムースが冷え固まり、チョコレートの飾りができたら作る。

15 飾りのブルーベリー、**14**のチョコレートの飾りをのせる。

※冷蔵で翌日まで保存可。

オレンジ・バニーユ

Mousse à l'orange et à la vanille

酸味のあるお菓子が大好き！ オレンジやバニラの
ムースの優しい味に、酸味が引き立つパッションと
マンゴーのジュレを合わせました。ジュレはパッショ
ンフルーツを使うことで全体のアクセントに。ムー
スに卵を加えて味の奥深さを出すためにアングレー
ズソース※を炊く方法を取り入れています。オレンジ
の皮で作るコンフィも味の構成として大事な一つです。
保存できるので、国産オレンジを見つけたらぜひ作っ
てください。

下から
1層目：オレンジムース
2層目：パッションとマンゴーのジュレ
3層目：バニラムース
飾り：オレンジの皮のコンフィ

材料

直径55mm×高さ70mm・
　容量120mlの器8個分

◆ オレンジムース
オレンジジュース (100%) …… 150g
卵黄 …………………………… 60g
微粒子グラニュー糖 ………… 50g
生クリーム (乳脂肪分36%) …… 100g
板ゼラチン (エバルド) ………… 3g

◆ パッションとマンゴーのジュレ
パッションフルーツピューレ
　(冷凍・加糖) ………………… 85g
マンゴーピューレ (冷凍・加糖) ·25g
微粒子グラニュー糖 ………… 7g
板ゼラチン (エバルド) ………… 2g

◆ バニラムース
卵黄 …………………………… 40g
微粒子グラニュー糖 ………… 25g
┌ 牛乳 ………………………… 50g
│ 生クリーム (乳脂肪分36%) …… 15g
└ バニラビーンズ ……………… 5cm
板ゼラチン (エバルド) ………… 3g
生クリーム (乳脂肪分36%) … 150g

◆ 飾り
オレンジの皮のコンフィ (右記参照)
　………………………………… 適量

◆ オレンジの皮のコンフィ
　(作りやすい量)
オレンジの皮 (国産・無農薬) …… 1個分
微粒子グラニュー糖 ………… 70g
水 …………………………… 70g

1 オレンジの皮は薄く削いで白い
部分は取り除き(**a**)、1mm幅の細切
りにする。鍋にたっぷりの水ととも
に入れ、強火でゆでてざるにあげる。

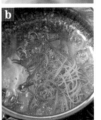

2 鍋にグラニュー糖と水を入れて
沸かし、**1**のオレンジの皮を入れる
(**b**)。弱火で煮てオレンジの皮に火
が通り、全体がねっとりとした泡に
なったら(**c**)火を止める。

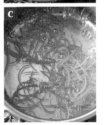

※2〜3日おいておくとなじんでおいしい。冷
蔵で5日間、冷凍で2〜3週間保存可。

※アングレーズソースは、卵黄、砂糖、牛乳、バニラビーンズなどで
作ります。ゆるいとろみがあります。

▶ ▶ ▶

オレンジ・バニーユ

下準備

【オレンジムース】

● 板ゼラチンは氷水で戻しておく(P28参照)

【パッションとマンゴーのジュレ】

● パッションピューレ、マンゴーピューレは解凍しておく

● 板ゼラチンは氷水で戻しておく(P28参照)

【バニラムース】

● バニラビーンズは裂いて種をしごき(**d**)、さやごと、牛乳、生クリーム15gと合わせて5時間ほどおき、香りを移しておく(**e**)

作り方

【オレンジムースを作る】

1 ボウルに生クリームを入れ、ボウルの底を氷水に当てて、ハンドミキサーで泡立てる(P136参照)。ツノがギリギリ立つくらいにゆるめに泡立てる(**f**)。

2 ボウルに卵黄とオレンジジュース大さじ1程度を入れ(**g**)、グラニュー糖を加えて泡立て器で混ぜ合わせる。

　point 卵黄に直接グラニュー糖を加えるとダマができやすいが少量の液体を先に加えると卵黄のダマができにくくなる。

3 オレンジジュースの残りは電子レンジで1分ほど加熱し、**2**に泡立て器で混ぜながら加える(**h**)。

　point ジュースは湯気があがる(約60℃)のが目安。

4 鍋に移し、弱火にかけ83℃まで煮る。絶えずゴムベラで混ぜる(**i**)。

　point 湯気があがってとろみがつくのが目安。

5 火を止めて板ゼラチンの水気をきって加え（）、ゴムベラで混ぜてゼラチンを溶かす。

6 ボウルに漉しながらあけ（）、氷水に当てて（**l**）粗熱を取る（20℃程度）。

7 **1**の生クリームを泡立て器で均一にしてから**6**を加え、ゴムベラを立てて中心から渦を描くようにぐるぐると混ぜる（）。

8 直径12mmの丸口金をつけた絞り袋に入れて（P136参照）、器に等分に絞る。器の底に手を当てて、トントンと軽く打ちつけて表面を平らにする。冷蔵庫で2時間30分〜3時間冷やし固める。

【パッションとマンゴーのジュレを作る】
※オレンジムースが固まったら作る。

9 ボウルにパッションピューレ、マンゴーピューレ、グラニュー糖を入れ、ゴムベラで混ぜる。

10 別のボウルに板ゼラチンを入れて湯せんで溶かし、**9**の⅓量を入れてゴムベラで混ぜてなじませる。

11 **10**を**9**に戻し入れ、ゴムベラで素早く混ぜる。氷水に当てて粗熱を取る。

12 **8**の器に等分に入れる。冷蔵庫で2時間30分〜3時間冷やし固める。

【バニラムースを作る】
※パッションとマンゴーのジュレが固まったら作る。

13 ボウルに生クリーム150gを入れ、**1**と同様に泡立てる。

14 別のボウルに卵黄と、バニラを浸しておいた牛乳と生クリームのうち⅕量を入れ、グラニュー糖を加えて泡立て器で混ぜる。

> **point** 卵黄に直接グラニュー糖を加えるとダマができやすいが少量の液体を先に加えると卵黄のダマができにくくなる。

15 バニラを浸しておいた牛乳と生クリームの残りを電子レンジで30秒ほど加熱し、**14**に加えて泡立て器で混ぜる。

> **point** 牛乳等は湯気が出るまで温める。

16 鍋に移し、弱火にかけ83℃まで煮る。絶えずゴムベラで混ぜ、湯気があがってとろみがつくのが目安。

17 火を止めて板ゼラチンの水気をきって加え、ゴムベラで混ぜてゼラチンを溶かす。

18 **13**の生クリームを泡立て器で均一にしてから**17**を加え、ゴムベラを立てて中心から渦を描くようにぐるぐると混ぜる。

19 直径12mmの丸口金をつけた絞り袋に入れて（P136参照）、**12**に等分に絞る。器の底に手を当てて、トントンと軽く打ちつけて表面を平らにする。冷蔵庫で2時間30分〜3時間冷やし固める。

【仕上げる】

20 食べる直前にオレンジのコンフィを飾る。

※冷蔵で翌日まで保存可。

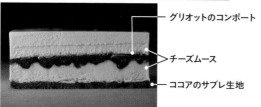

グリオットのコンポート

チーズムース

ココアのサブレ生地

グリオット入り
レアチーズムース

Mousse de fromage blanc et de griottes

ふんわりと泡立てた生クリームとパータボンブ※ベースのレアチーズムース、センターには酸味がおいしいグリオットを忍ばせました。軽い食感で少しビターなココアのサブレ生地との相性が絶妙です。グリオットのコンポートはゼラチンだけで固めると食感がプルンとしすぎるので、ペクチンでとろみをつけてからゼラチンで固めることで、程よい食感になります。

材料

12cm四方×高さ45mm 1台分

◆ ココアのサブレ生地
（作りやすい量・12cm四方2枚分）

発酵バター（食塩不使用）‥‥‥‥‥50g
粉糖‥‥‥‥‥‥‥‥‥‥‥‥‥‥‥20g
卵白‥‥‥‥‥‥‥‥‥‥‥‥‥‥‥‥6g
塩‥‥‥‥‥‥‥‥‥‥‥‥‥‥‥‥0.2g
┌ 準強力粉（フランス）‥‥‥‥‥50g
│ アーモンドパウダー‥‥‥‥‥25g
└ ココアパウダー（無糖）‥‥‥‥7g

◆ グリオットのコンポート

冷凍グリオット‥‥‥‥‥‥‥‥‥‥85g
レモン汁‥‥‥‥‥‥‥‥‥‥‥‥‥5g
微粒子グラニュー糖‥‥‥‥‥‥‥20g
LMペクチン‥‥‥‥‥‥‥‥‥‥‥1g
板ゼラチン（エバルド）‥‥‥‥‥‥1g

◆ チーズムース

クリームチーズ‥‥‥‥‥‥‥‥‥120g
牛乳‥‥‥‥‥‥‥‥‥‥‥‥‥‥‥20g
板ゼラチン（エバルド）‥‥‥‥‥3.5g
卵黄‥‥‥‥‥‥‥‥‥‥‥‥‥‥‥20g
水‥‥‥‥‥‥‥‥‥‥‥‥‥‥‥‥20g
微粒子グラニュー糖‥‥‥‥‥‥‥30g
生クリーム（乳脂肪分36%）‥‥‥120g

下準備

【ココアのサブレ生地】

● バターは常温でゆるめておく（P16参照）

● 準強力粉、アーモンドパウダー、ココアパウダーは合わせてふるっておく（P16参照）

● 粉糖は茶漉しでふるっておく（P16参照）

【グリオットのコンポート】

● キャドル（12cm四方）にラップをぴったりと貼っておく（**a**）

 point 塩化ビニール樹脂製のラップがよい。

● 板ゼラチンは氷水で戻しておく（P28参照）

● グラニュー糖とペクチンは合わせておく（**b**）

 point ペクチンは粒子が細かく水分を含みやすい特性がある。そのため、単体で水分に加えるとダマになりやすいので、必ず砂糖等と合わせておく。

【チーズムース】

● クリームチーズは常温でゆるめておく（P16参照）

● 板ゼラチンは氷水で戻しておく（P28参照）

● ムースフィルムを12cmの長さに8枚切り、別のキャドル（12cm四方）に入れ（**c**）、アルコールをふきつけて貼りつける。残り4枚は【組み立てる】ときに使用する。

※パータボンブは、卵黄とシロップを湯せんで温めながら泡立てて作ります。アングレーズソースに比べて水分が少なく、軽さだけでなくコクを出したいときに使います。

道具の紹介

キャドル

12cm四方×50mm高さの枠。底がないので、ひと回り大きい板台のようなものもあると便利。

ムースフィルム

キャドルからチーズムースを取り出すために、幅50mmほどのものを四辺に貼って使用。

作り方

【ココアのサブレ生地を作る】

1 ボウルに入れたバターをゴムベラでなめらかにして、粉糖を一度に加え、ゴムベラで混ぜる。

2 卵白を2回くらいに分けて加え、その都度混ぜる（**d**）。塩を加える。

3 ふるった粉類を再度ふるいながら入れ（**e**）、ゴムベラで切るように混ぜる（**f**）。

point 最初に切り混ぜて、バターや卵白のかたまりをくずすことで水分が分散し、粉が飛びにくくなる。

4 粉が飛ばなくなったら、底から生地を持ち上げるようにして、粉気がなくなるまで混ぜる。

5 ごろごろしたかたまりになったら、ラップに取り出してギュッと押しつけるようにしてひとまとめにし、平たく包む（**g**）。扱いやすくなるまで冷蔵庫で30分程度休ませる。

6 冷蔵庫から出してギターシート（P56参照）の中央に置いて挟み、ルーラーを使って麺棒で3mm厚さ、14×30cm大にのばし（**h**）、3〜4時間冷凍する。

point バターが多い配合でゆるみやすいが、冷凍すると扱いやすくなる。

グリオット入りレアチーズムース

作り方

【グリオットのコンポートを作る】
※ココアのサブレ生地を冷凍できたら作る。

7 鍋に冷凍グリオットを入れ、レモン汁を加える。合わせておいたグラニュー糖とペクチンを、グリオットにまんべんなくまぶすように加える（**i**）。汁気が出るまで2時間程度おく（**j**）。

> **point** 冷凍したグリオットを使うことで、果物の繊維が壊れやすくなり、写真のように水分がよく出る。

8 中火にかけて沸騰したら（**k**）火を止め、板ゼラチンの水気をきって加え、ゴムベラで混ぜて溶かす。

9 ラップを貼ったキャドルに**8**を流し入れ、グリオットを等間隔に並べ（**l**）、粗熱を取る。ラップをかけて3時間程度冷凍する。

【チーズムースを作る】
※グリオットのコンポートが冷凍できたら作る。

10 ボウルに生クリームを入れ、ボウルの底を氷水に当てて、ハンドミキサーで泡立てる（P136参照）。ツノがギリギリ立つくらいにゆるめに泡立てる（**m**）。

11 牛乳を耐熱ボウルに入れて電子レンジで40秒加熱する。板ゼラチンの水気をきって加え、ゴムベラで混ぜて溶かす。

12 別のボウルに卵黄と水を入れて溶きほぐし、グラニュー糖を加えてゴムベラで混ぜる。

> **point** 卵黄のダマができにくい順序で合わせる独自の方法。通常パータボンブはシロップを加えて作るが、一般的な家庭にはシロップの作り置きがない。そこで、シロップ＝水＋砂糖と捉えて、別々に加える。先に卵黄に水分を合わせることで、砂糖と合わせたとき卵黄がダマにならない。

13 フライパンにぬるま湯をはり、**12**の
ボウルを浮かべる。絶えずゴムベラ
で混ぜながら湯せんし（**n**）、83℃に
なったら火から下ろす。

> **point** 卵黄が煮えないように徐々に温度
> をあげるため、絶えず混ぜる。

14 ハンドミキサーでもったりするまで泡
立てて（**o**）、パータボンブを作る
（**p**）。

> **point** ボウルを斜めに置くと少量でも
> しっかり泡立てることができる。

15 クリームチーズを入れたボウルに**11**
の牛乳を3〜4回に分けて加え、ゴム
ベラでその都度混ぜてのばす（**q**）。
最後に泡立て器でダマがないように
混ぜて（**r**）なめらかにする。

16 **14**のパータボンブを**15**に加え、泡立
て器で混ぜる（**s**）。

17 **10**の生クリームを泡立て器で均一に
してから**16**を加え、ゴムベラを立て
て中心から渦を描くようにぐるぐると
混ぜる（**t**）。

18 ムースフィルムを貼ったキャドルに
17のムース生地170gを流し入れる
（**u**）。

19 **9**の冷凍しておいたグリオットのコン
ポートをキャドルからはずし（**v**）、**18**
のムースの上にのせる。**17**の残りの
ムース生地を流して（**w**）、3時間以上
冷凍する。

作り方

【組み立てる】
チーズムースが冷凍できたら作る。

20 6のサブレ生地の上にキャドル（12cm 四方）を置き、ひと回り大きく切る（**x**）。

　point ピザカッターを使うと、下に敷いているギターシートが切れないのでおすすめ。サブレは切ってから焼くと焼き縮みしやすいので、キャドルをのせて焼くことでちょうどよい大きさにできる。

21 天板にシルパンを敷き、**20**の生地をキャドルごとのせる。160℃のオーブンで8分30秒、天板の向きを変えて2分程度焼く。天板にのせたまま、粗熱を取り、キャドルの外側の生地を切り落とす（**y**）。

22 **19**の冷凍しておいたチーズムースは平らな板等にのせてから、高さのある台にのせる。キャドルを手で温めて少しだけムースをゆるめ、キャドルを下ろす（**z**）。ムースフィルムを剥がす。

　point 台は、キャドルの2倍程度の高さがよい。

23 **21**のサブレに**22**のチーズムースをのせ、ムースフィルムを新たに貼り、冷蔵庫で3時間程度おいて解凍する。1切れあたり、幅30mm×長さ60mm程度に切り分ける。

※組み立てる前であれば、冷凍で1週間保存可。組み立てたら冷蔵で翌日まで保存可。

> ココアのサブレ生地は2倍量でき上がります。残ったサブレ生地は冷凍で2週間保存できます。

ガナッシュ —————

ムースショコラノワゼット —————

クレムオランジュ —————

オレンジのジュレ —————

ダックワーズノワゼット —————

ショコラ・オランジュ

Mousse au chocolat et à l'orange

チョコレートムースだけよりも、酸味があるものと組み合わせるとよりおいしいです。チョコレートとオレンジの王道の組み合わせは、土台をオレンジの皮を加えたヘーゼルナッツのダックワーズにして、より複雑な味わいに。ダックワーズは、ヘーゼルナッツの比率が多いので、ふんわりと仕上げるのが若干難しいのですが、ぜひ挑戦してください。チョコレートムースにもヘーゼルナッツのペーストを加えることで全体がまとまります。

材料

15cm四方×高さ48mm 1台分

◆ ダックワーズノワゼット
(作りやすい量)

ヘーゼルナッツパウダー ……… 85g

粉糖 ……………………………… 50g

薄力粉 (バイオレット) …………… 15g

卵白 ………………………………… 100g

微粒子グラニュー糖 ……… 18g

オレンジの皮 (すりおろし) … ½個分

粉糖 ……………………………… 適量

◆ オレンジのジュレ

ナパージュヌートル (加熱加水タイプ)
……………………………………… 50g

オレンジセミコンフィ (うめはら) 30g

オレンジコンサントレ (ポワロン) … 25g

パッションピューレ (冷凍) …… 15g

オレンジジュース (100%) …… 10g

板ゼラチン (エバルド) ……………… 1g

◆ クレムオランジュ

オレンジジュース (100%) …… 20g

全卵 ………………………………… 20g

卵黄 ………………………………… 12g

微粒子グラニュー糖 …………… 20g

生クリーム (乳脂肪分36%) …… 98g

板ゼラチン (エバルド) ………… 1.7g

オレンジコンサントレ (ポワロン) 20g

グランマニエ …………………… 4g

◆ ムースショコラノワゼット

クーベルチュール・チョコレート

(カカオ分40%) ………… 120g

ノワゼットペースト (無糖) ……… 20g

卵黄 ………………………………… 15g

微粒子グラニュー糖 …………… 10g

牛乳 ……………………………… 26g

生クリーム (乳脂肪分36%) …… 26g

板ゼラチン (エバルド) ………… 1.5g

生クリーム (乳脂肪分36%) …… 100g

◆ ガナッシュ (作りやすい量)

クーベルチュール・チョコレート

(カカオ分66%) ………………… 60g

クーベルチュール・チョコレート

(カカオ分55%) ………………… 60g

生クリーム (乳脂肪分36%) …… 100g

バター (食塩不使用) …………… 25g

下準備

【ダックワーズノワゼット】

● 卵白は冷やしておく(P16参照)

● 天板にわら半紙を敷き、ヘーゼルナッツパウダー85gを150℃のオーブンで5分ローストし、冷ましておく()。80gを計量して使用

● 粉類(冷ましたヘーゼルナッツパウダー80g、粉糖50g、薄力粉)は合わせてふるっておく(P16参照)

● ガイドを作る➡わら半紙に15cm四方の枠と、等間隔の目印を6か所書く(b)。天板にガイドをのせ、その上にオーブンシートを敷く

【オレンジのジュレ】

● 板ゼラチンは氷水で戻しておく(P28参照)

【クレムオランジュ】

● 板ゼラチンは氷水で戻しておく(P28参照)

【ムースショコラノワゼット】

● 板ゼラチンは氷水で戻しておく(P28参照)

● 牛乳と生クリーム26gは合わせておく

作り方

【ダックワーズノワゼットを作る】

1 ボウルに卵白、グラニュー糖を入れ、氷水に当てながら中速のハンドミキサーで5分以上泡立てる。

> **point** しっかりツノが立つ()のが目安。

2 粉類を再度ふるいながら加え、オレンジの皮を加える()。

> **point** オレンジの皮は粉類にのせると、メレンゲの泡が潰れにくい。

3 ゴムベラで底からすくうように混ぜる()。ボウルを回しつつ、「J」の字を書くように真ん中を通って底からすくったものを、ボウルの端をとってひっくり返すイメージ。粉がほとんど見えなくなったらOK。

> **point** メレンゲの泡が消えやすいので、粉は手早く混ぜる。そのときにボウルを同時に回すことで、全体の混ぜ残しがない。次の工程で絞るときにも生地が混ざるので、混ぜすぎないように注意する。

4 直径12mmの丸口金をつけた絞り袋に入れ（P136参照）、天板に7列をゆっくりと絞り出す（**f**）。

> **point** 泡が消えないようにすぐに絞る。ガイドよりも少しはみ出すように絞る。

5 粉糖を茶漉しでまんべんなく薄く振る。振ってしみ込んだら2回目の粉糖を振る（**g**）。

> **point** 粉糖を振ることで表面に膜ができ、焼いているときに生地が乾燥しすぎない。

6 180℃のオーブンで10分、天板の向きを変えて2分程度焼く。天板からはずしてケーキクーラーにのせて粗熱を取る。少し冷めたらオーブンシートを剥がす。

> **point** オーブンシートをつけたままだと、余熱で生地が蒸れてしっとりしてしまう。

7 ダックワーズノワゼットにキャドル（15cm四方）を合わせ、切り落とす（**h**）。キャドルに生地を敷き込む（**i**）。

【オレンジのジュレを作る】
※ダックワーズ生地が完成してキャドルに敷き込んでから作る。

8 鍋にゼラチン以外の材料を入れて中火で沸騰させる。ナパージュが完全に溶けたら火を止め、板ゼラチンの水気をきって加える。ゴムベラで混ぜてゼラチンを溶かす（**j**）。氷水に当てて軽く粗熱を取る。

> **point** 完全に冷めてしまうと固まって伸ばしにくいので注意する。

9 **7**に**8**のオレンジジュレを入れて均一に広げ（**k**）、1時間程度冷凍する。

ショコラ・オランジュ

作り方

【クレムオランジュを作る】
※オレンジジュレが冷凍できてから作る。

10 生クリームは耐熱ボウルに入れ、電子レンジで40秒程度加熱する。湯気が出るのが目安。

11 ボウルに全卵、卵黄、オレンジジュース、グラニュー糖を入れて混ぜ、**10**の生クリームを加えて混ぜる。

12 鍋に移して弱火にかけ83℃まで煮る。絶えずゴムベラで混ぜ、湯気があがってとろみがつくのが目安（**l**）。

13 火を止めて板ゼラチンの水気をきって加え、ゴムベラで混ぜてゼラチンを溶かし、漉す。

14 オレンジコンサントレを加えてゴムベラで混ぜる（**m**）。粗熱を取り、グランマニエを加え、氷水を当ててとろみがつくまで冷やす。

15 **9**に**14**のクレムオランジュを流し入れ（**n**）、平らにならして2時間程度冷凍する。

【ムースショコラノワゼットを作る】
※クレムオランジュが冷凍できてから作る。

16 ボウルに生クリーム100gを入れ、ボウルの底を氷水に当てて、ハンドミキサーで泡立てる（P136参照）。ツノがギリギリ立つくらいにゆるめに泡立てる。

17 チョコレートを湯せんで溶かし、泡立て器で軽く混ぜる。ノワゼットペーストを加え（**o**）、泡立て器で混ぜる。**22**の作業直前まで湯せんにかけたままにしておく。

18 ボウルに卵黄と、合わせておいた牛乳と生クリームのうち⅕量を入れ、グラニュー糖を加えて泡立て器で混ぜる。

19 耐熱ボウルに合わせておいた牛乳と生クリームの残りを入れ、電子レンジで40秒、湯気が出るまで温める。

20 **18**に**19**を加えて混ぜ、鍋に移して弱火にかけ83℃まで煮る。絶えずゴムベラで混ぜ、湯気があがってとろみがつくのが目安。

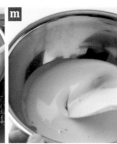

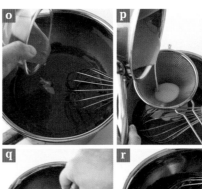

21 火を止めて板ゼラチンの水気をきって加え、ゴムベラで混ぜてゼラチンを溶かす。

22 湯せんにかけたままの**17**に、**21**を漉しながら加え（**p**）、泡立て器を立ててぐるぐると混ぜて（**q**）乳化させる。生地にしっかりとツヤが出てくるのが目安（**r**）。

23 **16**の生クリームを泡立て器で均一な状態にしてから**22**に加え、ゴムベラで中心から渦を描くように手早く混ぜる（**s**）。

> **point** チョコレートの脂肪分の影響でムースがすぐに締まり始めるので手早くする。

24 **15**に**23**のムースショコラノワゼットを流し入れ（**t**）、平らにならして3時間程度冷凍する。

【ガナッシュを作る】
※ムースショコラノワゼットが冷凍できてから作る。

25 チョコレート2種類を合わせて電子レンジに30秒＋30秒＋20秒加熱して溶かす。生クリームは電子レンジで1分程度加熱して注ぐ。

> **point** チョコレートは加熱しすぎないように数回に分けて様子を見ながら加熱する。

26 ハンディブレンダーで攪拌して乳化させる。36℃程度になったらバターを加えてハンディブレンダーで攪拌して（**u**）乳化させる。

> **point** 熱しすぎるとバターが液状になるので、温度に注意する。

27 バットに台を置き、12cm四方の平らな板等にのせた**24**をキャドルごとのせる。キャドルを手で温めて（**v**）ムースをゆるめる。キャドルの上部が2〜3mmあきになるように上にずらす（**w**）。

> **point** キャドルの上部のあきがガナッシュの厚みになる。ガナッシュに厚みが出てしまうと、味のバランスが変わるので注意。

28 **26**のガナッシュを**27**の中央に一度に流す（**x**）。中心から四隅に向かってパレットナイフで平らにならす（**y**）。

> **point** ガナッシュはすぐに固まるので、一気に行う。ぬぐったガナッシュはボウル等に入れる。

29 ガナッシュが固まり始めたらキャドルを下ろしてはずす（**z**）。冷蔵庫で3時間程度おいて解凍する。全体の端を落とし、1切れあたり25mm×70mm大に切る。

2〜3mm

※ガナッシュをかける前であれば、冷凍で1週間程度保存可。ガナッシュをかけたら冷蔵で翌日まで保存可。

> ガナッシュは余ります。オーブンシートを敷いたバットなどに流して固めて、生チョコレート風に仕上がります。

フランボワーズ・ピスターシュ

Mousse de framboise et crème à la pistache

フランボワーズとピスタチオは定番の組み合わせ。センターに仕込んだごく少量のルバーブがとてもよいアクセントになっています。ココアのダックワーズはなるべくふんわりと厚みを出したいので、混ぜすぎずに絞り袋の中で生地を完成させるイメージで作ってみてください。

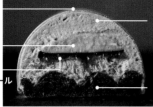

ナパージュ
クレームピスターシュ
ルバーブのコンフィチュール
フランボワーズのムース
ダックワーズショコラ

材料

18.5cm×65mm×高さ45mmのトヨ型1台分

◆ ダックワーズショコラ
アーモンドパウダー·················40g
ココアパウダー (無糖)·············10g
微粒子グラニュー糖·················30g
準強力粉 (フランス)···············8g
卵白·····································75g
微粒子グラニュー糖·················40g
粉糖·····································適量

◆ ルバーブのコンフィチュール
冷凍ルバーブ·························60g
微粒子グラニュー糖·················35g

◆ クレームピスターシュ
ピスタチオペースト·················10g
微粒子グラニュー糖·················12g
卵黄·····································20g
生クリーム (乳脂肪分36%)········55g
板ゼラチン (エバルド)·············0.8g
アマレット····························5g

◆ フランボワーズのムース
(作りやすい量)
フランボワーズピューレ
(冷凍·加糖)························80g
レモン汁·······························2g
卵白·····································30g
微粒子グラニュー糖·················25g
水··10g
板ゼラチン (エバルド)·············2.5g
生クリーム (乳脂肪分36%)········85g

◆ 仕上げ (作りやすい量)
ナパージュ····························250g
水··適量

下準備

【クレームピスターシュ】

● 板ゼラチンは氷水で戻しておく (P28参照)

● ギターシート (P56参照)をセンター用に11.5×18.5cm、ムース用に16.5×18.5cmに各1枚切る。センター用をトヨ型に敷く()

point 型の長さ(18.5cm)よりも短かくならないように注意する。

【ダックワーズショコラ】

● 卵白は冷やしておく(P16参照)

● ガイドを作る➡わら半紙に72mm×18.2cmの枠と、等間隔の目印を6か所書く(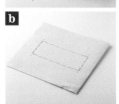)。天板にガイドをのせ、その上にシルパットを重ねる

● 粉類(アーモンドパウダー、ココアパウダー、グラニュー糖30g、準強力粉)は合わせてふるっておく(P16参照)

【ルバーブのコンフィチュール】

● ルバーブとグラニュー糖を合わ
せてマリネして、3〜6時間程
度おく（）

> **point** 冷凍したルバーブを使うこ
> とで、果物の繊維が壊れやすくなり、
> 写真のように水分がよく出る。

【フランボワーズのムース】

● フランボワーズピューレは解凍
しておく

● 板ゼラチンは氷水で戻しておく
（P28参照）

道具の紹介

トヨ型

長さ18.5cm×高さ45mm、容
量500ml。雨樋に形が似て
いることからトヨ型と呼ぶ。

作り方

【クレームピスターシュを作る】

1 耐熱ボウルにピスタチオペースト、
グラニュー糖、生クリーム1/5量を入
れ、泡立て器でダマのないように混
ぜる。卵黄を加えて（**d**）混ぜる。

2 生クリームの残りを電子レンジで30
秒ほど加熱して湯気が出るまで温め、
1に加えて混ぜる（**e**）。

3 鍋に移し、弱火にかけ83℃まで煮る。
絶えずゴムベラで混ぜ、湯気があ
がってとろみがつくのが目安（**f**）。

4 火を止めて、板ゼラチンの水気を
きって加え、ゴムベラで混ぜてゼラ
チンを溶かす。漉して（**g**）アマレット
を加え、氷水を当てて冷やす。

> **point** でき上がりの目安量は約75g。煮
> 詰めが足りないとゆるく仕上がるのででき
> 上がり量を確認する。

5 ギターシートを敷いたトヨ型に流し
入れ（**h**）、平らにならして（**i**）2時間
程度冷凍する。

作り方

【ダックワーズショコラを作る】

※クレームピスターシュを型に流したら作る。

6 ボウルに卵白を入れ、氷水に当てながら低速のハンドミキサーで泡立てる。

7 全体が泡状になったらグラニュー糖40gの⅓量を加え、低速で泡立てる。残りのグラニュー糖を3回に分けて加え（**j**）、その都度低速で泡立てる。

　point しっかりツノが立つのが目安（**k**）。

8 粉類を再度ふるいながら加え、ゴムベラで底からすくうように混ぜる（**l**）。ボウルを回しつつ、「J」の字を書くように真ん中を通って底からすくったものを、ボウルの端をとってひっくり返すイメージ。ギリギリ粉が見えなくなったらOK。

　point メレンゲの泡が消えやすいので、粉は手早く混ぜる。そのときにボウルを同時に回すことで、全体の混ぜ残しがない。次の工程で絞るときにも生地が混ざるので、混ぜすぎないように注意する。

9 直径16mmの丸口金をつけた絞り袋に入れ（P136参照）、天板に5列をゆっくりと絞り出す（**m**）。

　point 泡が消えないようにすぐに絞る。ガイドよりも少しはみ出すように絞る。

10 粉糖を茶漉しでまんべんなく薄く振る。振ってしみ込んだら2回目の粉糖を振る。

　point 粉糖を振ることで表面に膜ができ、焼いているときに生地が乾燥しすぎない。

11 180℃のオーブンで10分、天板の向きを変えて2分程度焼く。天板からはずしてケーキクーラーにのせて粗熱を取る。少し冷めたらオーブンシートを剥がす。

　point オーブンシートをつけたままだと、余熱で生地が蒸れてしっとりしてしまう。

12 完全に冷めたら、トヨ型に合わせて18cm×65mmに切る（**n**）。

【ルバーブのコンフィチュールを作る】
※クレームピスターシュが冷凍できたら作る。

13 マリネしておいたルバーブを鍋に移し、火にかける。軽く潰しながら、弱めの中火で煮る。水分がなくなるのが目安（**o**）。軽く粗熱を取る。

14 粗熱が取れたら、**5**にのせて均一に広げ（**p**）、3時間程度冷凍する。

> **point** クレームピスターシュとコンフィチュールを合わせて冷凍したものがセンターになる。

【フランボワーズのムースを作る】
※**14**のセンターが冷凍できたら作る。

15 ボウルに生クリームを入れ、ボウルの底を氷水に当てて、ハンドミキサーで泡立てる（P136参照）。ツノがギリギリ立つくらいにゆるめに泡立てる。

16 小鍋に水とグラニュー糖を強めの中火にかけて117℃まで煮詰め、シロップを作る（**q**）。

> **point** 少量なので途中混ぜなくてよい。焦がさないようにする。

17 ボウルに卵白を入れ、高速のハンドミキサーで泡立てる。低速にし、**16**のシロップを注ぎながら泡立てる（**r**）。粗熱が取れ、モコモコの泡になるまで泡立て、イタリアンメレンゲを作る（**s**）。

> **point** メレンゲに空洞ができるくらいのモコモコが目安。イタリアンメレンゲは卵白とシロップで作るメレンゲのこと。

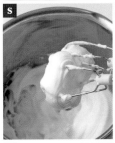

18 別のボウルに板ゼラチンを入れて湯せんで溶かし、フランボワーズピューレ¼量を加え、ゴムベラで混ぜてなじませる。

19 フランボワーズピューレの残りに**18**を戻し入れ、ゴムベラで素早く混ぜる。レモン汁を加えて混ぜる。

20 **17**のイタリアンメレンゲを加え、泡立て器でぐるぐると混ぜる（**t**）。

> **point** ボウルを同時に回すことで、全体の混ぜ残しがない。初めくずすように混ぜ、そのあとすくうように混ぜる。

21 **15**の生クリームを泡立て器で均一にしてから加え、ゴムベラで底からすくうように混ぜる（**u**）。

> **point** フランボワーズムースは泡が消えやすいので、すぐに組み立てて冷凍する。

フランボワーズ・ピスターシュ

【組み立てる】

22 14のトヨ型の両脇を手で温めてセンターをゆるめ、ギターシートごとセンターをはずし（**V**）、ラップに包んで冷凍しておく。

23 もう1枚のギターシートをトヨ型に敷き（**W**）、**21**のフランボワーズムース約130gを流し入れ（**X**）、平らにならす。

24 真ん中に**22**のセンターをのせ、軽く押す（**Y**）。フランボワーズムースをひとすくい入れて（**Z**）、ゴムベラで平らにならす。

＊フランボワーズのムースは余るので、器に入れて冷蔵庫で冷やし固めるとよい。

25 12のダックワーズショコラをのせ、全体に軽く押す（**A**）。3時間程度冷凍する。

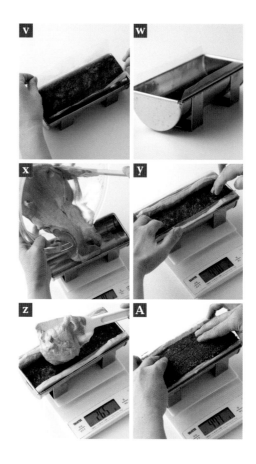

【仕上げる】

※**25**が冷凍できたら始める。

26 鍋にナパージュと水を入れ、ゴムベラで混ぜながら加熱する（**B**）。粗熱を取る。

> **point** ナパージュは、パッケージの通りの分量の水を加え、指定の温度で温めて溶かす。

27 バットに網をのせる。**25**を型からはずして網にのせ、**26**のナパージュ（45℃程度）を一気にかける（**C**）。冷蔵庫に3時間程度おいて解凍する。

> **point** ナパージュは、かけるとどんどん固まるので、手早く全体にかける。

＊バットに落ちたナパージュは、漉して冷凍保存して再利用できます。

※冷蔵で翌日まで保存可。ナパージュをかける前は冷凍で1週間程度保存可。

コーヒー・バナナムース
Mousse au café et à la banane

コーヒー味のムースを食べたいという依頼があり、完成したお菓子です。コーヒーとバナナの組み合わせはちょっと意外だと思いますが、コクのある甘さのバナナのセンターとコーヒーの苦味がとてもよく合います。ヘーゼルナッツの香りがポイントのダックワーズはかたくならないように気をつけてしっかりとメレンゲを泡立ててください。

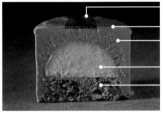

パータグラッセ
ナパージュ
コーヒームース
バナナのクーリー
ダックワーズノワゼット

材料

直径55mm×高さ45mm 6個分

◆ ダックワーズノワゼット
（作りやすい量）
ヘーゼルナッツパウダー………60g
準強力粉（フランス）…………10g
卵白……………………………80g
微粒子グラニュー糖…………50g
粉糖……………………………適量

◆ バナナのクーリー
（フレキシパン・プティガトー型6個分）
バナナピューレ（冷凍・無加糖）…40g
生クリーム（乳脂肪分36%）………75g
卵黄……………………………10g
微粒子グラニュー糖…………10g
板ゼラチン（エバルド）…………1.3g

◆ コーヒームース
インスタントコーヒー……………6g
卵黄……………………………36g
微粒子グラニュー糖…………30g
牛乳……………………………90g
生クリーム（乳脂肪分36%）……160g
板ゼラチン（エバルド）……………3g

◆ 仕上げ（作りやすい量）
パータグラッセ…………………20g
ナパージュ……………………250g
水………………………………適量

下準備

【ダックワーズノワゼット】
● 卵白は冷やしておく（P16参照）

● 天板にわら半紙を敷き、ヘーゼルナッツパウダーを150℃のオーブンで5〜6分ローストし、冷ましておく

● 粉類（冷ましたヘーゼルナッツパウダー、準強力粉）は合わせてふるっておく（P16参照）

● ガイドを作る➡わら半紙に16×22cmの枠と、等間隔の目印を5か所書く（a）。天板にガイドをのせ、その上にオーブンシートを敷く

【バナナのクーリー】
● バナナピューレは解凍しておく

● 板ゼラチンは氷水で戻しておく（P28参照）

【コーヒームース】
● 板ゼラチンは氷水で戻しておく（P28参照）

道具の紹介

フレキシパン・プティガトー型

直径45mm×高さ30mm。シリコンとグラスファイバーで作られているフレキシパンを選ぶと冷凍庫でもオーブンでも使えて便利。

コーヒー・バナナムース

作り方

【ダックワーズノワゼットを作る】

1 ショコラ・オランジュのダックワーズノワゼット（P66の**1**〜**3**）と同様に生地を作る。

2 直径12mmの丸口金をつけた絞り袋に入れ（P136参照）、天板に6列をゆっくりと絞り出す（**b**）。

> **point** 泡が消えないようにすぐに絞る。ガイドよりも少しはみ出すように絞る。

3 粉糖を茶漉しでまんべんなく薄く振る。振ってしみ込んだら2回目の粉糖を振る（P67の**5**参照）。

4 180℃のオーブンで8分、天板の向きを変えて4分程度焼く。天板からはずしてケーキクーラーにのせて粗熱を取る。少し冷めたらオーブンシートを剥がす。

【バナナのクーリーを作る】

5 ボウルに卵黄、生クリーム大さじ1程度を入れ、グラニュー糖を加えてすり混ぜる（**c**）。

6 生クリームの残りを電子レンジで40秒程度加熱して湯気が出るまで温める。**5**に加えながら泡立て器で混ぜる。

7 鍋に移し、弱火にかけ83℃まで煮る。絶えずゴムベラで混ぜる。

> **point** 湯気があがってとろみがつくのが目安（**d**）。

8 火を止めて板ゼラチンの水気をきって加え、ゴムベラで混ぜてゼラチンを溶かす。ボウルに漉しながらあけ（**e**）、バナナピューレを加えて混ぜる。

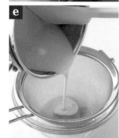

9 フレキシパンに等分に流し入れ（**f**）、粗熱を取る（20℃程度）。3時間程度冷凍する。

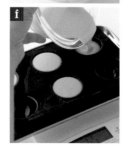

【コーヒームースを作る】
※バナナのクーリーが冷凍できたら作る。

10 ボウルに生クリームを入れ、ボウルの底を氷水に当てて、ハンドミキサーで泡立てる（P136参照）。ツノがギリギリ立つくらいにゆるめに泡立てる。

11 ボウルに卵黄、牛乳⅕量を入れ、グラニュー糖を加えて泡立て器ですり混ぜる。

12 耐熱ボウルに牛乳の残り、インスタントコーヒーを入れて混ぜ、電子レンジで1分30秒程度加熱して湯気が出るまで温める。**11**に加えながら泡立て器で混ぜる。

13 鍋に移し、弱火にかけ83℃まで煮る。絶えずゴムベラで混ぜ、湯気があがってとろみがつくのが目安。

14 火を止めて板ゼラチンの水気をきって加え、ゴムベラで混ぜてゼラチンを溶かす。ボウルに漉しながらあけ、氷水に当ててとろみがつくまで冷やす。

15 **10**の生クリームを泡立て器で均一にしてから**14**を加え、ゴムベラを立てて中心から渦を描くように混ぜる。

【組み立てる】

16 4のダックワーズノワゼットは、直径45mmのセルクルで抜く（）。

17 直径55mm×高さ45mmのセルクルにラップを貼り（）、**15**のコーヒームースを43gずつ流し入れる。

18 **9**のバナナのクーリーを型からはずして**17**にのせ（）、しっかりと押す（）。コーヒームースを平らにならす。

19 **16**のダックワーズノワゼットをのせ、軽く押す（）。

20 上からギターシートをかぶせ、バットなどをのせたまま3時間程度冷凍する。

> **point** ムースは多少はみ出て構わない。バットで押すことによってムースの隙間などがないことが確認できる。

【仕上げる】

21 ボウルにパータグラッセを入れ、湯せんで溶かす。

22 鍋にナパージュと水を入れ、ゴムベラで混ぜながら溶かし、粗熱を取って45℃程度にする。

> **point** ナパージュと加熱する水の量は、パッケージの通りにする。

23 **20**のムースははみ出していたら、パレットナイフでこそげ落とし、ラップを剥がす。表面に**21**のパータグラッセを刷毛で塗り（）、**22**のナパージュに浸す（）。

24 バットにコップなどを逆さにして置き、**23**をのせる。セルクルを手で温めてムースをゆるめ、セルクルを下ろしてはずす（）。冷蔵庫に3時間おいて解凍する。

> **point** コップはセルクルの2倍程度の高さがよい。

※仕上げ前は1週間冷凍保存が可。仕上げたあとは冷蔵で翌日まで保存可。

> 残ったパータグラッセは、クッキングシートなどの上で固めると、再利用できます。保存するときは、密閉しましょう。

下：ココアのサブレ生地
中：フィヤンティーヌのチョコがけ
上：フランボワーズのギモーヴ

フランボワーズの
ギモーヴ

Guimauve à la framboise

ギモーヴというお菓子のイメージからはかなり離れたフォルム。ギモーヴをサクサクのココアサブレの上に絞り、食感のアクセントにチョコをからめたフィヤンティーヌを忍ばせてあります。ザクザク感とできたてギモーヴの食感のコントラストが楽しく、他では見ないお菓子に仕上げました。できたて当日が一番おいしいお菓子です。弾力のあるギモーヴの食感はゼラチンでしか出せないものです。

材料

直径40㎜大24個分

◆ ココアのサブレ生地
（直径45㎜ 約24枚分）

発酵バター（食塩不使用）·········50g
粉糖································20g
塩·····················0.2g（ひとつまみ）
卵白·······························6g
準強力粉（フランス）················60g
アーモンドパウダー·················25g
ココアパウダー（無糖）···············8g

◆ フランボワーズのギモーヴ
（作りやすい量）

水あめ·····························30g
転化糖····························25g
レモン汁····························5g
微粒子グラニュー糖·················55g
板ゼラチン（エバルド）···············9g
┌ フランボワーズピューレ
│ 　（冷凍・加糖）·················60g
└ 転化糖·························30g

◆ フィヤンティーヌのチョコがけ
（作りやすい量）

クーベルチュール・チョコレート
　（カカオ分40％）·················40g
プラリネノワゼット·················30g
フィヤンティーヌ··················30g

◆ 組み立て用
コーンスターチ、粉糖······ 各適量

下準備

【ココアのサブレ生地】

● バターは常温でゆるめておく（P16参照）

● 粉類（準強力粉、アーモンドパウダー、ココアパウダー）は合わせてふるっておく（P16参照）

● 粉糖は茶漉しでふるっておく（P16参照）

【フランボワーズのギモーヴ】

● フランボワーズピューレは解凍しておく

● 板ゼラチンは氷水で戻しておく（P28参照）

【ココアのサブレ生地を作る】

1 ボウルに入れたバターをゴムベラでなめらかにして、粉糖を一度に加え、ゴムベラで混ぜる。

2 卵白を2回くらいに分けて加え（**a**）、その都度混ぜる。塩を加える。

3 ふるった粉類を再度ふるいながら入れ、ゴムベラで切るように混ぜる（**b**）。

> **point** 最初に切り混ぜて、バターや卵白のかたまりをくずすことで水分が分散し、粉が飛びにくくなる。

4 粉が飛ばなくなったら、底から生地を持ち上げるようにして、粉気がなくなるまで混ぜる。ごろごろしたかたまりになったらよい。

> **point** 生地がベタつくときは、ラップで平たく包んで、扱いやすくなるまで冷蔵庫で30分程度休ませる。

5 ギターシート（P56参照）の中央に置いて挟み（**c**）、ルーラーを使って麺棒で3mm厚さ、23cm四方にのばし（**d**）、4時間程度冷凍する。

> **point** バターが多い配合でゆるみやすいので、しっかりと冷凍すると扱いやすい。

6 サブレ生地は直径45mmのセルクルで抜き（**e**）、シルパンを敷いた天板に間隔をあけて並べる（**f**）。

7 160℃のオーブンで8分30秒焼き、天板にのせたまま冷ます。

【フィヤンティーヌのチョコがけを作る】
※サブレ生地が冷めたら作る。

8 耐熱ボウルにチョコレートを入れて電子レンジで30秒＋30秒加熱して溶かす。

> **point** 加熱は一度ではなく、様子を見ながら数回に分ける。

9 プラリネノワゼットを加えてゴムベラで混ぜ、フィヤンティーヌを加えてからめる。

10 7のサブレ生地に1枚あたり3〜4gをのせる（**g**）。冷蔵庫で1時間程度冷やし固める。

> フィヤンティーヌのチョコがけは余ります。オーブンシートに食べやすい大きさにスプーンで落とし、冷蔵庫で冷やし固めると、おいしく食べられます。

フランボワーズのギモーヴ

作り方

【フランボワーズのギモーヴを作る】
※**10**が固まってから行う。

11 鍋に水あめ、転化糖25g、レモン汁、
グラニュー糖を入れ、中火にかける。
ゴムベラで混ぜながら110℃まで煮
詰める(**h**)。

12 耐熱容器にフランボワーズピューレ、
転化糖30gを入れ、電子レンジで1分
20秒程度湯気が出るまで加熱する。
板ゼラチンの水気をきって加え(**i**)、
ゴムベラで混ぜてゼラチンを溶かす。

13 スタンドミキサーのボウルに**11**、**12**
を入れ(**j**)、粗熱が取れるまで攪拌
する(**k**)。白っぽく、もったりとして
くるのが目安(**l**)。

> **point** キッチンエイドのスピード6で約
> 13分を目安にする。スタンドミキサーがなけ
> れば、ハンドミキサーでも可。泡立てる時間
> の長さで食感が変わってくる。

【組み立てる】

14 **13**のできたてのギモーヴの生地を直
径12mmの口金をつけた絞り袋に入れ
(P136参照)、**10**にはみ出さないよう
に絞り出す(**m**)。常温で3時間程度お
いて乾かす。

※できたて当日がおいしい。翌日まで。保存は向か
ない。

ギモーヴの生地は余ります。下記の方
法で絞り出します。

1 コーンスターチと粉糖を1:1で合わ
せ、ギターシートに茶漉しで振る。

2 **1**に間隔をあけて絞り出す。常温で
3時間程度おいて乾かす。

※密閉容器に入れて常温で3日保存可。

アガー

Agar

コーヒーゼリー

作り方 → P108

Gelée de café

パッションフルーツと
バナナのムース 作り方 → P110

Mousse aux fruits de la passion et à la banane

フルーツのジュレ
作り方 → P112
Gelée de fruits

紅茶ジュレ・バニラチーズムース
プラムソース添え　作り方 → P113

*Gelée de thé et mousse au fromage blanc
à la vanille et au coulis de prune*

カシス・ミント

作り方 → P116

Verrine au cassis et à la menthe

抹茶のパンナコッタと黒糖ジュレ　パフェ仕立て

作り方 → P120

Panna cotta au matcha et gelée
de sucre noir japonais

アガーで作る
基本の水ゼリー

アガーで作るゼリーは、ぷるっとした独特の食感が楽しめます。透明度が高いのも特徴の一つです。アガーの基本的な使い方を覚えましょう。

アガーは常温で固まるので、固まる前に器や容器に移しましょう。この配合（添加率1.5％）だと、ゆるめでとろりんと飲めそうな食感に仕上がります。アガーの特性として、形をくずすと離水しやすいです。型からはずすのは、食べる直前にしましょう。

材料

口径75mm×高さ67mm・
　容量150mℓの器約4個分

水 ……………………………… 240g
アガー（イナアガーL）……… 4.5g
微粒子グラニュー糖 ……… 60g

下準備

● アガーとグラニュー糖を合わせて混ぜておく（**a**）

point　アガーは粒子が細かく水分を含みやすい特性がある。そのため、単体で水分に加えるとダマになりやすいので、必ず砂糖等と合わせておく。

アガーの検証時の条件について

・アガーの効果を調べるために、影響力のない水を固めています。なお、水は同じミネラルウォーターを使用。

・材料、作り方は、上記の「基本の水ゼリー」を基準にしていますが、加熱方法は電子レンジを用いました。ガスで加熱すると火力を一定に保つことが難しく、上がり量に差が生じやすいためです。混ぜ方によって水分の飛ぶ量が異なる傾向があります。アガーは90℃以上の液体で煮溶かす必要があるので、電子レンジで加熱後にひと混ぜし、砂糖とアガーが溶けて湯気があがっていることを確認します。

・検証で主に使用したアガーは、伊那食品工業のイナアガーLで、メーカー推奨標準使用量は1000gに対して15〜20gです。

・電子レンジでの加熱後すぐに等分し、固まったあとででき上がり量に誤差がないか確認して使用しました。

1 鍋に水を入れ、水を混ぜながらアガーとグラニュー糖を混ぜたものを加える（**b**）。

> **point** アガーはダマになりやすいので、必ず混ぜているところに加えること。

> **point** 水ではなく、甘みのある液体の場合は、あらかじめ砂糖に混ぜないことも。砂糖と混ぜないとよりダマができやすいので、必ず液体を混ぜているところにアガーを振り入れる。

2 火にかけて、ゴムベラで一定の速度で混ぜながら煮立たせる（**c**）。

> **point** 砂糖と混ぜたアガーを加えたら、絶えず混ぜること。ただし、混ぜすぎると仕上がりのかたさに影響するので注意。

> **point** 液体を90℃以上に加熱して煮溶かす。アガーは沸騰させすぎると凝固力が弱まるので、長く100℃以上にならないように注意する。

> **point** 煮立たせ加減の目安は、鍋のフチがふつふつして中央にも泡が軽く立つのが目安（**d**）。この状態になったら火から下ろす。

> **point** フルーツのピューレなど冷たいものを混ぜる場合は、一気に加えると温度が急激に下がり、固まり始めてしまう。冷たいものもできる限り常温に戻してから混ぜること。

3 グラスに等分に注ぎ、常温で粗熱を取る。冷蔵庫で2時間30分〜3時間冷やし固める。

> **point** 重量を計量しながら注ぐと等分に入れやすい。

> **point** アガーは常温で固まる。冷めて固まり始めるときれいに注げなくなるので、器や容器に注いでから粗熱を取る。常温におき、粗熱が取れたら冷蔵庫に入れる。

> **point** アガーの主成分である食物繊維が冷却によってからみ合い始め、網目状の組織が水を抱え込んでゼリーとなる。つまり、固まる途中で揺らしたり、触ったりすると、からみ合いが阻害され固まらなくなることがあるので、固まるのを待ってから動かす。

・アガーの添加率は、液体量または全体量に対する加えるアガーの割合です。パッケージには液体量か全体量の明記がある場合とない場合がありますが、全体量で記載しているメーカーが多いです。ゼラチンや寒天の検証では添加率は「液体量に対する凝固剤の量」としましたが、このことからこの検証では、添加率は「材料の全体量に対するアガーの量」としています。

・検証では、特に表記がない場合は、直径71mm×高さ62mm・容量130mℓのツマミ付きのプリン型（プラスチック製カップ）を用いています。1個あたりのゼリー液は約70g。

・アガーは常温で固まりますが、メーカーの社内検証等でゼリー強度を測る場合の時間に準じて、撮影・試食は15時間後と設定しました。

・アガーで作ったゼリーを取り出す際には、ゼラチンの検証のように湯せんにかけていません。アガーには離水性があるため、型のツマミを折って空気を入れるだけで、取り出せるためです。

砂糖の量を変えると？

砂糖を増やすと、ゼリーのかたさ、弾力と透明度が増す

砂糖の量とアガーのかたさの関係を検証してみました。

作り方はアガー6ｇ（全体量に対して2%）を基準としグラニュー糖の量を30、60、120ｇと変化。水の量はアガーの添加率が2%になるように270、240、180ｇと調整しています。加熱方法は条件をそろえるため、500Wの電子レンジを使用し、加熱時間は総量に合わせて、以下の通りに変えています。なお、使用したアガーはイナアガーLです。

A グラニュー糖30ｇ。
電子レンジで3分30秒加熱。

B グラニュー糖60ｇ。
電子レンジで3分20秒加熱。

C グラニュー糖120ｇ。
電子レンジで3分10秒加熱。

どれもつるんとした食感ですが、**A**、**B**、**C**と砂糖が増えるにつれ、かたさと弾力が増します。**C**のエッジが最も立っています。これはゼラチンでも同様の結果でしたが、その差がゼラチンよりも大きく明らかです（検証①「砂糖の量を変えると？」〈P30〉）。

見た目の違いも大きく、**A**、**B**、**C**と砂糖が増えるにつれ、透明度が増しています。これは、ゼラチン（検証①「砂糖の量を変えると？」〈P30〉）、寒天（検証①「砂糖の量を変えると？」〈P128〉）も同様の傾向であることから、砂糖の作用と考えられます。

A グラニュー糖 30 ｇ　　**B** グラニュー糖 60 ｇ　　**C** グラニュー糖 120 ｇ

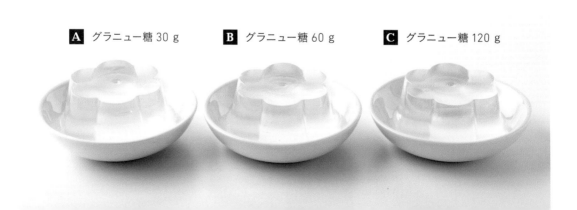

アガーの量を変えると？

⌄

アガーが多いとゼリーはしっかり固まり、エッジがよく出る

アガーの基本的な添加率（使用量）はメーカーで規定されていますが、量を変えるとどのような変化があるのか、検証してみました。

作り方は水240g、グラニュー糖60gに対し、アガーの量を全体量に対して1、2、3%と変化。加熱方法は条件をそろえるため、500Wの電子レンジで3分20秒。なお、使用したアガーはイナアガーL（メーカー推奨の添加率1.5〜2%）です。

A アガー3g（1%）
B アガー6g（2%）
C アガー9g（3%）

A は取り出すと形を保つことができず、食感が最もやわらかいです。**B** はつるんとした食感でエッジが立っています。**C** はなめらかさがありつつも、**A**、

B よりもかたく、エッジが最も立っており、写真の中央上部を見ても明らかです。これらのことから、アガーを増やすとしっかり固まり、エッジがよく出ます。甘みは**A** が最も甘く感じられ、**B**、**C** の順に感じなくなります。これは、**A** がやわらかいためにゼリーが口いっぱいに広がるのに対し、**B**、**C** がかたく一部しか触れないためと思われます。食感、甘みの感じ方ともに、ゼラチンと同様の傾向です（検証②「ゼラチンの量を変えると?」〈P32〉）。

また、**A** は取り出してすぐに離水しました。**B** も少したつと離水したのに対し、**C** は一定時間たっても離水しませんでした。アガーの特性である離水性は、しっかりと凝固していると生じにくいといえます。

添加量は食べたときの味の広がりに影響するので規定量を参考にしつつ、好みの食感を見つけてください。

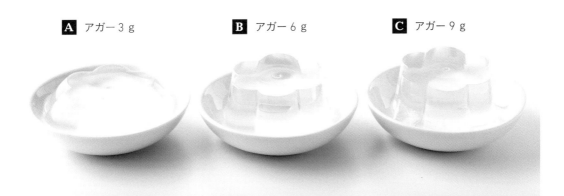

A アガー3g　　**B** アガー6g　　**C** アガー9g

加えるレモン汁（酸）の量を変えると？

レモン汁が多いと粘りが減る

ゼリーを作る際に、酸味のあるフルーツを合わせることも多いです。アガーは酸に弱いと一般的にいわれますが、実際にどのように影響するのか試してみました。

作り方は、グラニュー糖60ｇ、アガー6ｇ（全体量に対して2％）を統一し、レモン汁の添加量を20ｇ、40ｇ、60ｇと変化。水の量はアガーの添加率が2％になるように220、200、180ｇと調整しています。

加熱方法は条件をそろえるため、500Ｗの電子レンジを使用し、加熱時間は総量に合わせて、以下の通りに変えています。なお、使用したアガーはイナアガーＬです。

酸の量の影響の検証と同時に、酸が加熱による影響を受けるかどうかも、検証しました。

Ａ、**Ｂ**、**Ｃ**が「**アガー+グラニュー糖→水に添加→電子レンジ加熱→レモン汁添加**」であるのに対し、**Ｄ**は「**アガー+グラニュー糖→水に添加→レモン汁添加→電子レンジ加熱**」です。**Ｄ**の方法はメーカーが推奨していませんが、検証してみました。

Ａ 水220ｇ、レモン汁20ｇ。電子レンジで3分30秒加熱。加熱後にレモン汁を加える。

Ｂ 水200ｇ、レモン汁40ｇ。電子レンジで3分20秒加熱。加熱後にレモン汁を加える。

Ｃ 水180ｇ、レモン汁60ｇ。電子レンジで3分10秒加熱。加熱後にレモン汁を加える。

Ｄ 水180ｇ、レモン汁60ｇ。レモン汁を加えてから、電子レンジで3分30秒加熱。

食感はどれもつるんとしていますが、上から押すと弾力は**Ａ**、**Ｂ**、**Ｃ**の順でしっかりしています。粘性は**Ａ**、**Ｂ**、**Ｃ**の順で弱まった印象です。

Ａはアガーらしい質感が最もあり、**Ｂ**、**Ｃ**よりもやわらかく感じられました。**Ｂ**は**Ａ**と**Ｃ**の中間ともいうような溶け方と離水状況で、**Ｃ**はアガーらしさが失われて寒天に近い質感になっていました。**Ｄ**は一番やわらかくふるふるとした食感でした。

つまり、酸の添加量が増えるとアガー特有の粘りやとろんとした食感、みずみずしさが減ります。ただし、同じ分量のレモン汁を、非加熱の**Ｃ**と加熱している**Ｄ**を比べると、**Ｄ**の方がやわらかいことから、酸を一緒に加熱するとアガーを固める作用は弱まる、といえます。

これらのことから、レモン汁のように酸味の強い液体とアガーを一緒に煮立たせてしまうと固まらないという特性がアガーにあると考えられます。

酸味のあるアガーのジュレを作りたい場合は、レモン汁等を加えるタイミングに気をつけて作りましょう。

加熱後にレモン汁 20g を添加

加熱後にレモン汁 40g を添加

加熱後にレモン汁 60g を添加

レモン汁 60g を添加してから加熱

生のパイナップルを加えて固めると？

⌄

ゼリーは固まる

生のパイナップルやキウイフルーツ等はゼラチンに含まれるタンパク質を分解する酵素があるため、ゼリーが固まらなくなります。これはゼラチンの検証 ④「生のパイナップルを加えるとゼラチンが固まらないって本当？」（P 36）でも実証されています。アガーも影響を受けるのでしょうか。検証してみました。

作り方は水240g、グラニュー糖60g、アガー6g（全体量に対して2%）を統一し、加熱方法は条件をそろえるため、500Wの電子レンジで3分30秒。なお、使用したアガーはイナアガーLです。ゼリー液を作って型に流し、パイナップルを入れて冷やし固めました。パイナップルは以下の通り、非加熱（生）と加熱したものです。

A 非加熱パイナップル15g
B 加熱パイナップル15g
（生のパイナップル15gを電子レンジで3分加熱。冷まして使用）

A、**B** どちらもしっかり固まっています。パイナップルの沈み方に違いはありますが、検証では各4個作っており**A**、**B**で沈み方に傾向は見られないことから、パイナップルの個体差と考えられます。かたさ、食感に大きな違いはありませんでした。

このことから、パイナップルに含まれるタンパク質を分解する酵素はアガーに影響しないことがわかります。

タンパク質分解酵素を含むフルーツはゼラチンを固まりにくくしますが、アガーには影響しません。ゼラチンとアガーの原料に着目すると、その理由がわかります。ゼラチンの原料が牛や豚の皮（コラーゲン＝タンパク質）であるのに対し、アガーの原料は海藻から抽出した食物繊維です。

この結果を受けて完成したのがP112のフルーツジュレです。

寒天もアガー同様に海藻が原料で、海藻から抽出する多糖類から作られているため、パイナップルなどのタンパク質分解酵素を含むフルーツを固めることができます。

A 非加熱パイナップル 15 g

B 加熱パイナップル 15 g

乳脂肪分の濃度はアガーに影響する？

乳脂肪分が高い方が、ゼリーはしっかり固まる

ゼラチンの検証でも行った牛乳と生クリームの検証（検証⑤「乳脂肪分の濃度はゼラチンに影響する？」〈P38〉）をアガーでも行いました。

作り方は水100ｇ、グラニュー糖60ｇ、アガー6ｇ（全体量に対して2％）。加熱方法は条件をそろえるため、500Wの電子レンジで2分。牛乳や生クリーム140ｇは電子レンジで1分加熱してから加えています。なお、使用したアガーはイナアガーLです。

A 水100ｇ＋生クリーム（乳脂肪分36％）140ｇ

B 水100ｇ＋生クリーム（乳脂肪分45％）140ｇ

C 水100ｇ＋牛乳140ｇ

A、**B**、**C** どれもしっかりと固まり、エッジが立っています。**A** はもっちりとした食感で、やや粘り気があります。**B** の方がよりかたく、もっちり感と粘り気が増します。取り出すときに少し欠けました。**C** は口溶けのよさが感じられます。

A と **B** を比べると、乳脂肪分が高い方がしっかりと固まり、エッジが立っていることがわかります。**A**、**B**、**C** をく比べた場合、牛乳と生クリームの水分量が異なるため、ゼリーの仕上がりのかたさに影響を及ぼしたと考えられます。

アガーは、液体のうちでも特に水の中で煮溶かすことで効果を十分に発揮できるという特性があります。そのため、味を濃厚なものにしようとして生クリームだけに加えてしまうとアガーの効果が十分に得られない可能性があります。アガーで牛乳プリンなどを作る際は、バランスに気をつける必要があります。また、アガーを使用したプリンなどを作る際には、さらに卵の凝固力や加熱温度などに注意が必要で、より複雑になっていきます。

A 生クリーム（乳脂肪分36%）　　　B 生クリーム（乳脂肪分45%）

C 牛乳

検証⑥

Vérification No.6

アガーはアルコールの影響を受けるのか？

アルコールが多い方がかたい

検証⑥「ゼラチンはアルコールの影響を受けるのか？」(P40)より、ゼラチンはアルコールを加えると固まる力が弱まると実証されました。アガーもアルコールの影響を受けるのでしょうか。検証してみました。

作り方は、グラニュー糖60g、アガー6g（全体量に対して2%）を統一し、赤ワインの添加量を20g、40g、60gと変化。水の量はアガーの添加率が2%になるように220、200、180gと調整しています。加熱方法は条件をそろえるため、500Wの電子レンジを使用し、加熱時間は総量に合わせて、以下の通りに変えています。赤ワインは加熱後、最後に加えています。なお、使用したアガーはイナアガーLです。

A 水220g、赤ワイン20g。
電子レンジで3分30秒加熱。

B 水200g、赤ワイン40g。
電子レンジで3分20秒加熱。

C 水180g、赤ワイン60g。
電子レンジで3分10秒加熱。

A、**B**、**C**とアルコールの量が増えるほどに、ゼリーはかたくなり、エッジがしっかり立ちます。アガー特有のみずみずしさ、とろんとした食感が失われました。これは赤ワインの量が増えるにつれ、アガーが溶けることができる水の量が減ったためアガーの濃度が高まり、かたく感じられた可能性があります。

つまり、赤ワインを添加してアガーらしさを生かしたいときは、赤ワインの量とのバランスを考えながらアガーの量を減らすなど調整する必要があります。

また、ゼラチンの検証⑦「紅茶や赤ワインのゼリーが濁る原因は?」(P42)では赤ワインが濁りましたが、アガーの赤ワインゼリーは透明度が高いです。つまり、アガーはポリフェノールによる影響を受けないといえます。

さらに、アルコール度数の違いについても検証してみました。

作り方は、水200g、グラニュー糖60g、アガー6g（全体量に対して2%）、ラム40gと統一。アルコール度数が43、54と異なるラムを用意。加熱方法は条件をそろえるため、電子レンジを使用し、加熱時間は3分20秒です。なお、使用したアガーはイナアガーLです。ラムは加熱後、最後に加えています。

D ラム（アルコール度数43）
E ラム（アルコール度数54）
Dよりも**E**の方がややかたく、エッジもより立っています。写真にはありませんが、ウォッカでも度数違い（40度、50度）を比較したところ、同様にアルコール度数が高い方がややしっかりと弾力がありました。アルコール度数によってもかたさが異なることがわかりました。

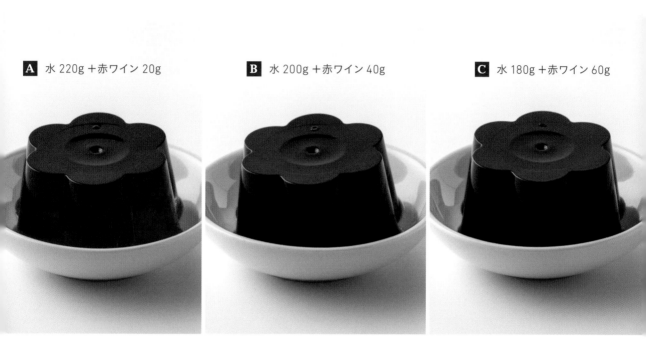

A 水 220g ＋赤ワイン 20g　　　**B** 水 200g ＋赤ワイン 40g　　　**C** 水 180g ＋赤ワイン 60g

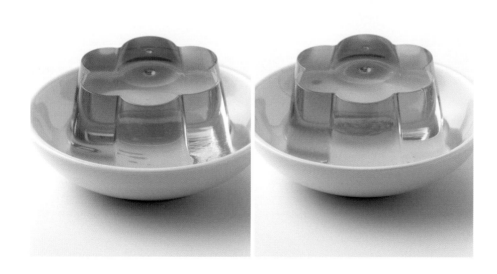

D ラム（アルコール度数 43）　　　**E** ラム（アルコール度数 54）

乳酸菌飲料をアガーで固めると？

ゼリーが分離して舌触りが悪くなる

アガーは乳酸菌に弱いといわれます。乳酸菌飲料をアガーで固めるとどうなるのか、アガーとゼラチンを比較してみました。ヨーグルトにも乳酸菌が含まれますが、ヨーグルトは固形量が多いことから乳酸菌飲料で検証しています。

作り方は水200ｇ、乳酸菌飲料40ｇ、グラニュー糖60ｇとし、アガー6ｇ（全体量に対して2%）または板ゼラチン7.2ｇ（3%）。加熱方法は条件をそろえるため、500Ｗの電子レンジを使用し、加熱時間は加熱する液体量によって、以下の通りに変えています。なお、使用した板ゼラチンはエバルドのシルバー、アガーはイナアガーＬです。

A 乳酸菌飲料40ｇ、アガー6ｇ。電子レンジで3分20秒加熱し、乳酸菌飲料を加える（乳酸菌飲料非加熱）。

B 乳酸菌飲料40ｇ、アガー6ｇ。水＋乳酸菌飲料を先に合わせる。電子レンジで3分30秒加熱（乳酸菌飲料加熱）。

C 乳酸菌飲料40ｇ、板ゼラチン7.2ｇ。電子レンジで2分20秒加熱し、乳酸菌飲料を加える（乳酸菌飲料非加熱）。

ゼリー液の状態で **A** と **B** に差があり、**B** のみ加熱直後に2層に分離しました。固めた後は、**A** は全体にまだら模様があり、**B** はまだら模様が少ない印象でした。どちらもアガーらしいとろんとした食感がなく、**C** はまだら模様もかたまりもありませんでした。

これらの結果から、乳酸菌はゼラチンには影響を及ぼしませんが、アガーには影響を及ぼすといえます。

乳酸菌飲料で検証しましたが、ヨーグルトも乳酸菌を含むので同様の作用が生じます。ヨーグルト味のゼリーを作りたいときはアガーではなくゼラチンを使うことをおすすめします。

A アガー 6g。乳酸菌飲料非加熱

B アガー 6g。乳酸菌飲料加熱

C 板ゼラチン 7.2g。乳酸菌飲料非加熱

オレンジジュースを固めると？

水で割る方が失敗しにくい

アガーのパッケージには、よくオレンジジュースを水で割るレシピが紹介されています。水で割る方が失敗しないということですが、オレンジジュースのみで作るとどうなるのでしょうか。オレンジジュースのみで作る場合と、水で割る場合とを比較してみました。

作り方は、グラニュー糖60ｇ、アガー6ｇ（全体量に対して2%）を統一し、オレンジジュースのみ（240ｇ）と、水で割る（オレンジジュース140ｇ＋水100ｇ）としました。加熱方法は条件をそろえるため、500Wの電子レンジを使用し、加熱時間は総量に合わせて、以下の通りに変えています。なお、使用したアガーはイナアガーＬです。また、オレンジジュースは果肉なし（ **A** 、 **B** ）と果肉入り（ **C** 、 **D** ）の2種類を比較してみました。

A アガー＋グラニュー糖→オレンジジュース240ｇ（果肉なし）に添加→電子レンジで3分20秒加熱。

B アガー＋グラニュー糖→水100ｇに添加→電子レンジで2分加熱→オレンジジュース140ｇ（果肉なし）を電子レンジで2分加熱して添加。

C アガー＋グラニュー糖→オレンジジュース240ｇ（果肉入り）に添加→電子レンジで3分20秒加熱。

D アガー＋グラニュー糖→水100ｇに添加→電子レンジで2分加熱→オレンジジュース140ｇ（果肉入り）を電子レンジで2分加熱して添加。

A 、 **B** 、 **C** 、 **D** はどれもアガーらしいとろんとした食感がありませんでした。 **A** は **B** よりもなめらかさが少なく、まだら模様ができていました（分離）。 **C** は **D** よりも口溶けが悪く、離水が見られました。

これらの結果は、前述（P96）のアガーは液体のうちでも特に水の中で煮溶かすことで効果を十分に発揮できるという特性や、検証③「加えるレモン汁（酸）の量を変えると？」（P92）からわかった2つの特性「酸が多いとアガーの粘りが減る」「酸とアガーを一緒に煮立たせてしまうとアガーが固まらない」とも合致しているといえます。

アガーと酸とを長時間煮立てると失敗するリスクがあることから、メーカーはオレンジゼリーを作る際にオレンジジュースだけでではなく、水で割ることを推奨しています。

なお、 **B** や **D** が分離や離水や少ない理由は、糖度の違いも要因の一つかもしれません。オレンジジュースにも糖分が含まれます。グラニュー糖の量を統一していますので、オレンジジュースの量が多い **A** や **C** の方が糖分が多い、つまり保水力が高い可能性があるからです。

A オレンジジュース（果肉なし）240g＋水 0 g

B オレンジジュース（果肉なし）140g＋水 100g

C オレンジジュース（果肉入り）240g＋水 0 g

D オレンジジュース（果肉入り）140g＋水 100g

砂糖の種類を変えると？

かたさに違いがあり、甘みの感じ方も異なる

砂糖の量でかたさが異なることが検証①「砂糖の量を変えると？」(P90)でわかりました。

では、砂糖の種類によって、アガーの凝固力にどのような影響があるのか、グラニュー糖、上白糖、カソナード、黒糖で検証してみました。

作り方は、水240g、砂糖60g、アガー6g (全体量に対して2%)で統一し、加熱方法は条件をそろえるため、500Wの電子レンジで3分30秒。砂糖の種類の違いは以下の通りです。なお、使用したアガーはイナアガーLです。

A グラニュー糖
B 上白糖
C カソナード
D 黒糖

製菓によく使う**A** グラニュー糖と**B** 上白糖はかたさの違いをあまり感じませんでしたが、透明度は**A** グラニュー糖の方が高いです。**C** のカソナードは**A**、**B** よりもややかたく、**D** の黒糖はさらにかたい印象です。

甘みの感じ方も異なり、**A** のグラニュー糖はじんわりと、**B** はしっかりと感じられました。**C** のカソナード、**D** の黒糖はそれぞれの砂糖が持つ特有の風味と甘みを感じました。グラニュー糖と上白糖とで甘さの感じ方が異なるのは検証②「アガーの量を変えると？」(P91)の結果を踏まえると、まず第一に口溶けのよさによる影響ではなく、砂糖の種類による違いと考えられます。それに加えて、かたさが異なると口溶けのよさに違いがあることからも、砂糖の種類の違いは、口の中での砂糖の味の広がり方にも影響があると思われます。

アガーの特性である離水性ですが、**C** のカソナードは他よりも離水しやすく、**D** の黒糖は離水がほぼ見られませんでした。

これらのことから、ゼラチン同様にアガーでも、砂糖の種類によって、仕上がりのかたさや甘さの感じ方に違いが出るので、そのことを考慮した上で、砂糖の種類を選定する必要があります。

A 微粒子グラニュー糖

B 上白糖

C カソナード

D 黒糖

Vérification No.10

アガーは製品による違いはあるの？

製品による差が大きく感じられる

アガーとひと口にいっても、さまざまな製品があります。これはメーカーや製品によってアガーの原料が海藻由来のカラギーナンや、マメ科の種子由来のローカストビーンガムやペクチン、こんにゃくというように、原料や配合が異なるためと考えられます。そこでアガー3製品を比較検証してみました。

作り方は、水240ｇ、砂糖60ｇを統一し、アガーはメーカー推奨の最小値と最大値をそれぞれ添加。加熱方法は条件をそろえるため、500Wの電子レンジで加熱。加熱時間は3分30秒。アガーは以下の3種類を使用しました。

① **イナアガーL（伊那食品工業）。**
   メーカー推奨添加率1.5〜2％
② **クールアガー（新田ゼラチン）。**
   メーカー推奨添加率1.3〜1.6％
③ **①②以外のアガー。**
   メーカー推奨添加率1.5〜3％

3種類をメーカー推奨の最小値で比較しました。

A **①イナアガーL4.5ｇ（最小1.5％）**
B **②クールアガー3.9ｇ（最小1.3％）**
C **③①②以外のアガー4.5ｇ（最小1.5％）**

A はみずみずしい印象です。**B** は **A** よりもやわらかく、もちもちとしています。また喉ごしがよい

です。**C** はふるふるやわやわで、最も喉ごしがよいです。

つぎに、3種類をメーカー推奨の最大値で比較しました。

D **①イナアガーL6ｇ（最大2％）**
E **②クールアガー4.8ｇ（最大1.6％）**
F **③①②以外のアガー9ｇ（最大3％）**

D はかたさがあり、寒天のようにサクッとスプーンが入ります。**E** は最もやわらかく、スプーンを入れるとややねっとりとしています。**F** は、**D** と **E** の中間のようなかたさで、やわらかいです。

D 、**E** は離水が見られますが、**F** にはほとんど見られませんでした。

最小値、最大値で比較してみましたが、かたさや食感はこれほどまでに違いがあります。メーカー推奨の添加量に幅があることからもわかるように、アガーの添加量を調整することで求める食感にすることができます。また、製品によって、ゼリー用、ムース用、冷凍可…というように用途に違いがあります。アガーを使うときには、どれを選ぶのかが重要になってくるといえるでしょう。用途はもちろん、自分好みの食感のアガーをぜひ見つけてください。

A ① イナアガー L4.5 g
（最小 1.5%）

B ② クールアガー 3.9 g
（最小 1.3%）

C ③ ①②以外のアガー 4.5g
（最小 1.5%）

D ① イナアガー L6 g
（最大 2%）

E ② クールアガー 4.8 g
（最大 1.6%）

F ③ ①②以外のアガー 9g
（最大 3%）

コーヒーゼリー

Gelée de café

大人のコーヒーゼリーを目指しました。上に流した生クリームにもコーヒーの香りをしっかりアンフュゼしてあります。アガーで作ることで定番のイメージよりもさらにやわらかい食感に仕上がります。

下から
1層目：コーヒーゼリー
2層目：コーヒーの香りをつけたクリーム

材料

口径78mm×高さ80mm・容量90mℓの器5個分

◆ コーヒーゼリー

コーヒーの粉 (挽いておく)	30g
湯	310g
微粒子グラニュー糖	35g
アガー (パールアガー8)	5g

◆ コーヒーの香りをつけたクリーム (作りやすい量)

生クリーム (乳脂肪分36%)	75g
コーヒー豆 (粗く砕いておく)	7.5g
微粒子グラニュー糖	15g

下準備

【コーヒーゼリー】

● グラニュー糖とアガーは合わせて混ぜておく（**a**）

  point アガーは単体でコーヒーに加えるとダマになりやすいので、グラニュー糖と合わせる(P88参照)。

【コーヒーの香りをつけたクリーム】

● コーヒー豆は食品用ポリ袋に入れ、麺棒で粗く砕き（**b**）、生クリームに4〜5時間浸して（**c**→**d**）、香りを移す

  point コーヒー豆を細かく砕きすぎたり、生クリームに浸す時間が長すぎると、コーヒーが生クリームを吸ってしまうので、注意する。

【コーヒーゼリーを作る】

※コーヒーを生クリームに浸して1時間ほどたったら作る。

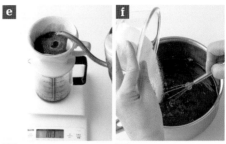

1 コーヒーの粉に湯少量を注いで1分ほど蒸らす。残りの湯も注ぎ（**e**）、コーヒーを抽出し、240g計量して鍋に入れる。

2 **1**のコーヒーを混ぜながら、混ぜておいたグラニュー糖とアガーを加える（**f**）。

> **point** アガーはダマになりやすいので、必ず液体を混ぜているところに加えること。

3 鍋を中火にかけてグラニュー糖が溶けたのを確認しながら（**g**）、軽く沸騰させる（80℃以上）。

> **point** グラニュー糖が残らないように沸騰させる。鍋のフチがふつふつとするのが目安（**h**）。

4 グラスに等分に注ぎ（**i**）、粗熱を取って冷蔵庫で2時間30分〜3時間冷やし固める。

> **point** アガーは常温で固まる。冷めて固まり始めるときれいに注げなくなるので、グラスに注いでから粗熱を取る。常温におき、粗熱が取れたら冷蔵庫に入れる。

【クリームを作る】

※コーヒーゼリーを冷やし固めている間に作る。

5 コーヒー豆を浸しておいた生クリームは茶漉し、または目の細かいざるで漉し、グラニュー糖を加えて混ぜる。グラニュー糖を溶かす。

6 食べる直前に**4**のコーヒーゼリーの上に12gほどそっと流し入れる。

※コーヒーゼリー、クリーム、それぞれ冷蔵で3日程度保存可。食べる直前にクリームをかける。

下から
1層目：パッションフルーツとバナナのムース
2層目：レモンジュレ

パッションフルーツと
バナナのムース

Mousse aux fruits de la passion et à la banane

パッションフルーツの酸味が効いたムースに濃厚な
バナナを合わせました。フルーツのピューレと生クリー
ムだけで作るシンプルなムースに、あと口がさっぱ
りするように酸味の効いたふるふるのレモンジュレ
を合わせました。生クリームを泡立てすぎないこと
でなめらかな食感のムースに仕上がります。酸味が
大好きな方に特におすすめ！

材料

直径55mm×高さ70mm・容量120mℓの器
　6個分

◆ パッションフルーツと
　バナナのムース

パッションピューレ (冷凍・加糖)
……………………………………25g
バナナピューレ (冷凍・無加糖)‥45g
マンゴーピューレ (冷凍・加糖)
……………………………………10g
レモン汁………………………… 1g
板ゼラチン (エバルド) …………… 2g
生クリーム (乳脂肪分36％) …… 195g
微粒子グラニュー糖 ………… 45g

◆ レモンジュレ
　　(17×23cmの保存容器1個分)

水………………………………160g
グラニュー糖 ………………… 60g
アガー (パールアガー8) …………… 10g
レモン汁…………………………95g

下準備

【パッションフルーツとバナナのムース】

● ピューレは解凍しておく

● 板ゼラチンは氷水で戻しておく(P28参
　照)

【レモンジュレ】

● グラニュー糖とアガーは合わせて混ぜ
　ておく(P88参照)

> **point**　アガーは単体で加えるとダマになり
> やすいので、グラニュー糖と合わせる。

作り方

【パッションフルーツとバナナのムース
を作る】

1 ボウルに生クリーム、グラニュー糖を
　入れ、ボウルの底を氷水に当てて、ハン
　ドミキサーで泡立てる(P136参照)。
　ツノがギリギリ立つくらいにゆるめに
　泡立てる(**a**)。

2 ピューレにレモン汁を合わせる。

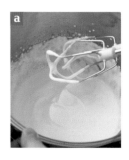

3 ボウルに板ゼラチンを入れて湯せんで溶かし、**2**の$\frac{4}{5}$量を加え、泡立て器で混ぜてなじませる。

4 湯せんにかけたまま**2**の残りに**3**を戻し入れ、泡立て器で素早く混ぜる。

5 **1**の生クリームを泡立て器で均一にしてから**4**を加え、ゴムベラを立てて中心から渦を描くようにぐるぐると混ぜる。

> **point** フルーツの酸でしまりやすいので、手早く混ぜる。

6 直径12mmの丸口金をつけた絞り袋に入れて（P136参照）、器に等分に絞る。器の底に手を当てて、トントンと軽く打ちつけて表面を平らにする。冷蔵庫で2時間30分〜3時間冷やし固める。

【レモンジュレを作る】
※パッションフルーツとバナナのムースを冷やし固めている間に作る。

7 鍋に水を入れる。水を混ぜながら、混ぜておいたグラニュー糖とアガーを加える（**b**）。

> **point** アガーはダマになりやすいので、必ず液体を混ぜているところに加えること。

8 鍋を中火にかけてグラニュー糖が溶けたのを確認しながら、軽く沸騰させる。

> **point** グラニュー糖が残らないように沸騰させる。鍋のフチがふつふつとするのが目安。

9 火を止めて、混ぜながらレモン汁を加える（**c**）。

10 保存容器に流す（**d**）。粗熱を取って冷蔵庫で2時間30分〜3時間冷やし固める。

> **point** アガーは常温で固まる。冷めて固まり始めるときれいに注げなくなるので、容器に注いでから粗熱を取る。常温におき、粗熱が取れたら冷蔵庫に入れる。

【組み立てる】
※レモンジュレが冷え固まったら行う。

11 食べる直前に、**10**のレモンジュレを1〜1.5cm大に切り、**6**の器に等分に盛る。

> **point** レモンのジュレはくずれやすいのでシリコンスプーンを使うのがおすすめ。

> **point** アガーで固めたものは離水しやすいので、食べる直前に切ってのせる。

※パッションフルーツとバナナのムース、レモンジュレは冷蔵で翌日まで保存可。

フルーツのジュレ

Gelée de fruits

ふるふるとしたみずみずしさを味わえるようにアガーでフルーツを寄せ固めました。アガーならではの喉ごしのよさが味わえます。フルーツの果汁がゼリー液に出ておいしいです。フルーツは数種類合わせるのがおすすめです。アガーで作ることで、タンパク質分解酵素を持つフルーツでも加熱しなくても固まります（検証④「生のパイナップルを加えて固めると?」〈P94〉）。酸による影響も受けません（検証③「加えるレモン汁（酸）の量を変えると?」〈P92〉）。フルーツはどのような種類でも固まります。

材料

口径58mm×高さ10.5cm・容量370mℓの器
4個分

水	250g
アガー (イナアガーL)	5g
微粒子グラニュー糖	50g
白ワイン	10g
フルーツ	合わせて180g

（写真はパイナップル、オレンジ各50g、いちご、キウイフルーツ各30g、ブルーベリー10g）。

下準備

● グラニュー糖とアガーは合わせて混ぜておく（P88参照）

point アガーは単体で水に加えるとダマになりやすいので、グラニュー糖と合わせる。

● フルーツは食べやすい大きさに切っておく（**a**）

作り方

1 鍋に水を入れる。水を混ぜながら、混ぜておいたグラニュー糖とアガーを加える（**b**）。白ワインを加えて混ぜる。

point アガーはダマになりやすいので、必ず液体を混ぜているところに加えること。

2 鍋を中火にかけてグラニュー糖が溶けたのを確認しながら、沸騰させる。

point グラニュー糖が残らないように沸騰させる。鍋のフチがふつふつとするのが目安（**c**）。

3 ボウルに移してフルーツを加え、粗熱を取る（**d**）。冷蔵庫で2時間30分〜3時間冷やし固める。

point アガーは常温で固まる。冷めて固まり始めるときれいに注げなくなり、フルーツがなじまないので、ボウルに移してフルーツを加えてから粗熱を取る。常温におき、粗熱が取れたら冷蔵庫に入れる。

4 食べる直前にグラスに等分に盛る。

※冷蔵で翌日まで保存可。

下から
1層目：バニラチーズムース
2層目：プラムのソース
3層目：紅茶のジュレ

紅茶ジュレ・バニラチーズムースプラムソース添え

Gelée de thé et mousse au fromage blanc
à la vanille et au coulis de prune

大石プラムを見かけると毎年必ず作るヴェリーヌです。みずみずしくおいしい紅茶ジュレに、酸味がしっかりとある大石プラムのソース、バニラの香りを移したチーズムースを合わせています。アガーを使うことで紅茶の白濁を気にせずに作ることができます（検証⑥「アガーはアルコールの影響を受けるのか?」〈P98〉）。アガーで作るジュレは水分が出やすいので、食べる直前にのせましょう。

材料

直径55mm×高さ70mm・容量120mℓの器6個分

◆ バニラチーズムース

卵黄	40g
微粒子グラニュー糖	25g
牛乳	50g
生クリーム (乳脂肪分36%)	15g
バニラビーンズ	3cm
板ゼラチン (エバルド)	3g
クリームチーズ	55g
生クリーム (乳脂肪分36%)	150g

◆ プラムのソース (作りやすい量)

大石プラム (皮つき、種なし)	200g
微粒子グラニュー糖	40g

◆ 紅茶のジュレ (作りやすい量・17×23cmの保存容器1個分)

紅茶の茶葉 (白桃ティー)	15g
水	600g
微粒子グラニュー糖	100g
アガー (パールアガー8)	20g

紅茶ジュレ・バニラチーズムース　プラムソース添え

【バニラチーズムース】

● クリームチーズは常温でゆるめておく（P16 参照）

● バニラビーンズは裂いて種をしごき（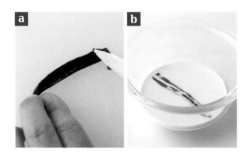 a ）、さやごと、牛乳、生クリームと合わせて4時間ほどおき、香りを移しておく（ b ）

● 板ゼラチンは氷水で戻しておく（P28参照）

【プラムのソース】

● プラムをきれいに洗って、皮をつけたまま20mm大に切り、鍋に入れる。グラニュー糖を加えてまぶして（ c ）2時間以上おく（ d ）

point 皮を使うことできれいな赤色のソースになるので、皮はむかないこと。

【紅茶のジュレ】

● グラニュー糖とアガーは合わせて混ぜておく（P88参照）

point アガーは単体で水に加えるとダマになりやすいので、グラニュー糖と合わせる。

作り方

【バニラチーズムースを作る】

1 ボウルに生クリーム150gを入れ、ボウルの底を氷水に当てて、ハンドミキサーで泡立てる（P136参照）。ツノがギリギリ立つくらいにゆるめに泡立てる（ e ）。

2 別のボウルに卵黄と、バニラを浸しておいた牛乳と生クリーム⅓量を入れ、グラニュー糖を加えて泡立て器で混ぜる。

3 バニラを浸しておいた牛乳と生クリームの残りを電子レンジで30秒ほど加熱し、**2**に加えて泡立て器で混ぜる。

point 牛乳等は湯気が出るまで温める。

4 鍋に移し、弱火にかけ83℃まで煮る。絶えずゴムベラで混ぜる。

point 湯気があがってとろみがつくのが目安。

5 火を止めて板ゼラチンの水気をきって加え、ゴムベラで混ぜてゼラチンを溶かす。

6 漉してバニラのさやを取り除き、やわらかくしておいたクリームチーズに3〜4回に分けて加え、その都度泡立て器でよく混ぜてなめらかにする（クリームチーズを一度に加えてハンディブレンダーで攪拌してもよい）。粗熱を取る。

7 **1**の生クリームを泡立て器で均一にしてから**6**を加え、ゴムベラを立てて中心から渦を描くようにぐるぐると混ぜる。

8 直径12mmの丸口金をつけた絞り袋に入れて（P136参照）、器に等分に絞る。器の底に手を当てて、トントンと軽く打ちつけて表面を平らにする。冷蔵庫で2時間30分〜3時間冷やし固める。

【プラムのソースを作る】

※バニラチーズムースを冷やし固めている間に作る。

9 グラニュー糖をまぶしておいたプラムは、潰しながら（**f**）とろみがつくまで弱火で10分程度煮る。粗熱を取り、冷蔵庫で冷やしておく。

> **point** 皮と実を潰すようにし、プラムの形が完全になくなりペースト状になるまで煮る（**g**）。

> **point** 鍋底にゴムベラの跡が残るくらいが煮上がりの目安（**h**）。

【紅茶のジュレを作る】

※バニラチーズムースが冷え固まり、プラムのソースを冷やしているうちに作る。

10 鍋に水を入れて沸かし、紅茶の茶葉を入れて蓋をして3分間蒸らす（**i**）。

> **point** 紅茶をきれいな色に煮出すには、茶葉を多めにし、煮立たせない。

11 茶漉しで漉して鍋に戻し入れる。

> **point** 漉すときに紅茶の茶葉を押さないこと。押すと味も渋くなる上、色も悪くなる。

12 紅茶を混ぜながら、混ぜておいたグラニュー糖とアガーを加えて混ぜる（**j**）。

> **point** アガーはダマになりやすいので、必ず液体を混ぜているところに加えること。

13 茶漉しで漉しながら、容器に高さ10mmになるように流し入れ（**k**）、粗熱を取って冷蔵庫で2時間30分〜3時間冷やし固める。

> **point** アガーは常温で固まる。冷めて固まり始めるときれいに注げなくなるので、容器に注いでから粗熱を取る。常温におき、粗熱が取れたら冷蔵庫に入れる。

【組み立てる】

14 **13**の紅茶のジュレは10mm角程度に切る。

> **point** アガーで固めたものは離水しやすいので、食べる直前に切ってのせる。

15 **8**のバニラチーズムースに**9**のプラムのソースを流し入れ、**13**の紅茶のジュレをのせる。

> **point** 紅茶のジュレはくずれやすいのでシリコンスプーンを使うのがおすすめ。

※バニラチーズムース、紅茶のジュレは、それぞれ冷蔵で翌日まで保存可。プラムのソースは冷蔵で5日程度保存可。食べる直前に組み立てる。

カシス・ミント
Verrine au cassis et à la menthe

ギリギリの量で固めたみずみずしいミントのジュレ
はひと口すくうと、ソースのように流れてグラスの中
へ。全体を底からしっかりとスプーンですくって食べ
てほしいデザートです。食べる場所によって味の組
み合わせが異なる楽しさがあります。ミントのジュ
レは食べる直前にグラスに盛りつけます。ミントの
種類で味が変わりますので、フレッシュなスペアミ
ントをぜひ使ってください。

下から
1層目：クーリー・ド・カシス
2層目：カシスムース
3層目：サワークリームチーズムース
4層目：ミントジュレ

材料

口径65mm×高さ70mm・容量170mℓの器6個分

◆ クーリー・ド・カシス
カシスピューレ (冷凍・加糖) ………… 30g
水 …………………………………… 60g
微粒子グラニュー糖 ………………… 18g
アガー (パールアガー8) ……………… 2.5g
カシスリキュール …………………… 6g

◆ カシスムース
カシスピューレ (冷凍・加糖) ………… 60g
生クリーム (乳脂肪分36%) ………… 50g
板ゼラチン (エバルド) ……………… 2.5g
┌ 生クリーム (乳脂肪分36%) ……… 100g
└ 微粒子グラニュー糖………………… 20g

◆ サワークリームチーズムース
卵黄 …………………………………… 20g
微粒子グラニュー糖 ………………… 15g
┌ 牛乳 ……………………………… 20g
│ 生クリーム (乳脂肪分36%) ……… 20g
└ バニラビーンズ …………………… 6cm
クリームチーズ ……………………… 30g
サワークリーム ……………………… 25g
板ゼラチン (エバルド) ……………… 2g
生クリーム (乳脂肪分36%) ………… 100g

◆ ミントジュレ
(19×26cmの保存容器1個分・
作りやすい量)
水 …………………………………… 260g
スペアミント (生) …………………… 7.4g
ミントリキュール …………………… 8g
微粒子グラニュー糖 ………………… 55g
アガー (パールアガー8) ……………… 8g

【クーリー・ド・カシス】

● カシスピューレは解凍しておく

● グラニュー糖とアガーは合わせて
混ぜておく(P88参照)

> point アガーは単体で水に加えるとダ
> マになりやすいので、グラニュー糖と合
> わせる。

【カシスムース】

● カシスピューレは解凍しておく

● 板ゼラチンは氷水で戻しておく
(P28参照)

【サワークリームチーズムース】

● クリームチーズは常温でゆるめて
おく(P16参照)

● バニラビーンズは裂いて種をしご
き(**a**)、さやごと、牛乳、生クリー
ムと合わせて4時間ほどおき、香り
を移しておく(**b**)

● 板ゼラチンは氷水で戻しておく
(P28参照)

【ミントジュレ】

● グラニュー糖とアガーは合わせて
混ぜておく

作り方

【クーリー・ド・カシスを作る】

1　鍋にカシスピューレ、水を入れて混ぜる。

2　鍋の中を混ぜながら、混ぜておいたグラ
ニュー糖とアガーを加える。

> point アガーはダマになりやすいので、必ず
> 液体を混ぜているところに加えること。

3　鍋を中火にかけてグラニュー糖が溶けた
のを確認しながら、沸騰させる。

> point グラニュー糖が残らないように沸騰さ
> せる。鍋のフチがふつふつとするのが目安(**c**)。

4　火を止めてカシスリキュールを加えて混
ぜる。

> point ここで火にかけるとアルコールが飛ぶ
> ので、火にかけない。

5　器に等分に注ぎ、粗熱を取って冷蔵庫で
2時間30分〜3時間冷やし固める。

> point アガーは常温で固まる。冷めて固まり
> 始めるときれいに注げなくなるので、器に注いで
> から粗熱を取る。常温におき、粗熱が取れたら
> 冷蔵庫に入れる。

作り方

【カシスムースを作る】
※クーリー・ド・カシスが冷え固まってから作る。

6 ボウルに生クリーム100g、グラニュー糖を入れ、ボウルの底を氷水に当てて、ハンドミキサーで泡立てる(P136参照)。ツノがギリギリ立つくらいにゆるめに泡立てる(**d**)。

7 耐熱ボウルにカシスピューレを入れて電子レンジで50秒加熱し、生クリーム50gを加えて(**e**)混ぜる。

8 電子レンジで50秒加熱する。板ゼラチンの水気をきって加え、ゴムベラで混ぜてゼラチンを溶かす。

> **point** フチがふつふつとするくらいに加熱する。

9 混ぜながら45℃に下げる(**f**)。

> **point** 熱いと生クリームが溶けてしまうので、45℃程度に下げる。温度が低すぎると、合わせた瞬間に生クリームがカシスの酸などで締まってなめらかにならない。

10 6の生クリームを泡立て器で均一にしてから9を加え(**g**)、ゴムベラを立てて中心から渦を描くようにぐるぐると混ぜる(**h**)。

11 直径12mmの丸口金をつけた絞り袋に入れて(P136参照)、5の器に等分に絞る。器の底に手を当てて、トントンと軽く打ちつけて表面を平らにする。冷蔵庫で2時間30分〜3時間冷やし固める。

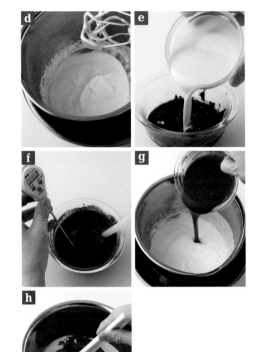

【サワークリームチーズムースを作る】
※カシスムースが冷え固まってから作る。

12 ボウルに生クリームを入れ、ボウルの底を氷水に当てて、ハンドミキサーで泡立てる(P136参照)。ツノがギリギリ立つくらいにゆるめに泡立てる(**i**)。

13 別のボウルに卵黄と、バニラを浸しておいた牛乳と生クリームのうち⅓量を入れ、グラニュー糖を加えて泡立て器で混ぜる。

> **point** 卵黄に直接グラニュー糖を加えるとダマができやすいが少量の液体を先に加えると卵黄のダマができにくくなる。

14 バニラを浸しておいた牛乳と生クリームの残りを電子レンジで30秒ほど加熱し、13に加えて泡立て器で混ぜる。

> **point** 牛乳等は湯気が出るまで温める。

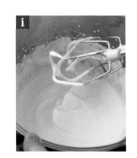

15 鍋に移し、弱火にかけ83℃まで煮る。絶えず
ゴムベラで混ぜる。

> **point** 湯気があがってとろみがつくのが目安。

16 火を止めて板ゼラチンの水気をきって加え、
ゴムベラで混ぜてゼラチンを溶かす。

17 漉してバニラのさやを取り除き、やわらかく
しておいたクリームチーズとサワークリーム
に一度に加え、ハンディブレンダーで攪拌し
（**j**）、粗熱を取る。

> **point** ハンディブレンダーで攪拌するとチーズが
ダマにならないのでおすすめ。

18 **12**の生クリームを泡立て器で均一にしてか
ら**17**を加え、ゴムベラを立てて中心から渦
を描くようにぐるぐると混ぜる。

19 直径12mmの丸口金をつけた絞り袋に入れて
（P136参照）、**11**の器に等分に絞る。器の底
に手を当てて、トントンと軽く打ちつけて表
面を平らにする。冷蔵庫で2時間30分〜3時
間冷やし固める。

【ミントジュレを作る】
※サワークリームチーズムースを冷やし固めている間に作る。

20 スペアミントのうち、0.4gはごく細かく刻む。

> **point** ミントは変色しやすいので、使う直前に刻む。

21 鍋に水を入れて沸かし、スペアミント7gを加
える。ふたをして（**k**）15分程度蒸らす。

22 漉して、250gになるように水を足す。

23 鍋の中を混ぜながら、混ぜておいたグラ
ニュー糖とアガーを加え、再び沸騰させる。

24 保存容器にミントリキュール、刻んだミント
を入れ、**23**を茶漉しで漉しながら流し入れ
る（**l**）。粗熱を取って冷蔵庫で2時間30分
〜3時間冷やし固める。

【組み立てる】
※ミントのジュレが冷え固まったら行う。

25 食べる直前に、**24**のミントジュレを**19**の器
に等分に盛る。

> **point** アガーで固めたものは離水しやすいので、
食べる直前に切ってのせる。

> **point** ミントジュレは細かくくずしてのせる。そう
するとバランスがよく、食べやすい。

※ミントジュレをのせる前の状態で冷蔵で翌日まで保存可。
ミントジュレも翌日まで。

下から
1層目：黒糖のジュレ
2層目：抹茶のパンナコッタ
3層目：黒みつ
飾り：ミルクアイス、カカオニブのチュイル

抹茶のパンナコッタと
黒糖ジュレ
パフェ仕立て

Panna cotta au matcha et gelée
de sucre noir japonais

しっかりとした抹茶味のパンナコッタは、ギリギリのゼラチン量で固めてあり、黒糖ジュレのつるんとした食感と絶妙に合います。ミルクアイスは黒糖や抹茶との相性もよく、さっぱりとしたあと口になります。パフェ仕立てのアクセントになるカカオニブのチュイルも、単体でもおいしいのでぜひ作ってください。

材料

口径78mm×高さ80mm・
容量90mlのグラス8個分

◆ 抹茶のパンナコッタ
（作りやすい量）

抹茶パウダー（無糖）	10g
牛乳	200g
微粒子グラニュー糖	50g
生クリーム（乳脂肪分36%）	220g
板ゼラチン（エバルド）	5g

◆ 黒みつ（作りやすい量）

水	25g
黒糖	50g
水あめ	5g

◆ 黒糖のジュレ
（17×23cmの保存容器1個分・
作りやすい量）

水	240g
黒糖	60g
アガー（イナアガーL）	4.5g

◆ ミルクアイス（作りやすい量）

牛乳	250g
板ゼラチン（エバルド）	3.5g
生クリーム（乳脂肪分36%）	250g
微粒子グラニュー糖	100g

◆ カカオニブのチュイル
（作りやすい量）

生クリーム（乳脂肪分36%）	15g
バター（食塩不使用）	25g
水あめ	15g
微粒子グラニュー糖	45g
カカオニブ	50g

下準備

【抹茶のパンナコッタ】
● 板ゼラチンは氷水で戻しておく
（P28参照）

【黒糖のジュレ】
● 黒糖とアガーは合わせて混ぜておく（P88参照）

point アガーは単体で加えるとダマになりやすいので、黒糖と合わせる。

【ミルクアイス】
● 板ゼラチンは氷水で戻しておく
（P28参照）

作り方

【黒みつを作る】

1 鍋に水と水あめを入れ、黒糖を加えて、電子レンジで1分加熱する。

2 茶漉しで黒糖を潰しながら漉す（**a**）。粗熱を取り、冷蔵庫で冷やしておく。

> **point** 翌日以降にとろみ（粘性）が増す。

【抹茶のパンナコッタを作る】
※黒みつができたら作る。

3 抹茶はボウルに茶漉しでふるい入れる（**b**）。

4 耐熱容器に牛乳を入れ、グラニュー糖を加える。電子レンジで1分加熱する。

> **point** 牛乳は湯気があがる（約60℃）のが目安。

5 板ゼラチンの水気をきって、**4**に加える。ゴムベラで混ぜてゼラチンを溶かす。

6 **3**の抹茶のボウルに**5**を6回に分けて加え、その都度茶筅で溶きのばす（**c**、**d**）。茶漉しで漉す（**e**）。

> **point** はじめはごく少量でペースト状に溶く（**c**）。少しずつ丁寧に溶きのばすことと茶筅を使うとダマになりにくい。

7 生クリームを加えて混ぜ、ボウルの底を氷水に当ててとろみがつくまで混ぜながら冷やし（**f**）、冷蔵庫で冷やす。

【黒糖のジュレを作る】

8 鍋に水を入れる。水を混ぜながら、混ぜておいた黒糖とアガーを加える（**g**）。

> **point** アガーはダマになりやすいので、必ず混ぜているところに加えること。

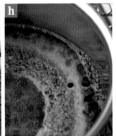

9 鍋を中火にかけて黒糖が溶けたのを確認しながら、沸騰させる。

> **point** 黒糖が残らないように沸騰させる（**h**）。

10 保存容器に流し（**i**）、粗熱を取って冷蔵庫で2時間30分〜3時間冷やし固める。

> **point** アガーは常温で固まる。冷めて固まり始めるときれいに注げなくなるので、容器に注いでから粗熱を取る。常温におき、粗熱が取れたら冷蔵庫に入れる。

作り方

【ミルクアイスを作る】
※黒糖のジュレが冷え固まったら作る。

11 ボウルに生クリーム、グラニュー糖を入れ、ボウルの底を氷水に当てて、ハンドミキサーで泡立てる(P136参照)。ツノがギリギリ立つくらいにゆるめに泡立てる。

12 牛乳50gを電子レンジで30秒、湯気が出るまで加熱する。板ゼラチンの水気をきって加える(**j**)。ゴムベラで混ぜてゼラチンを溶かす。

13 残りの牛乳200gに**12**を加えて混ぜ、ボウルの底を氷水に当ててとろみがつくまで混ぜながら冷やす(**k**)。

14 **11**に**13**を加えて混ぜ、アイスクリームマシンにかけて、冷凍庫で3時間程度冷やし固める。

【カカオニブのチュイルを作る】

15 鍋に生クリーム、バター、水あめ、グラニュー糖を入れて(**l**)火にかけ、ふつふつと全体に泡が立つまで沸騰させる。

16 火を止めてカカオニブを加えて(**m**)よく混ぜる(**n**)。

17 オーブンシートを敷いたバットに取り出し、広げて粗熱を取る(**o**)。

18 天板にシルパットを敷き、**17**を2mm程度の厚さにのばす(**p**)。

> **point** 触れるくらいの温度になったら焼く。きれいに広げなくても大丈夫。

19 160℃のオーブンで8分焼き(**q**)、適当な形に割る。粗熱を取る。

> **point** 焼くと1mm程度の厚さになる。

【組み立てる】

20 グラスに**10**の黒糖のジュレ15gを入れ、**7**の抹茶のパンナコッタ60gをのせ(**r**)、**2**の黒みつ5gを流す。

> **point** 黒糖のジュレはくずれやすいのでシリコンスプーンを使うのがおすすめ。

21 **14**のミルクアイスをのせ、**19**のカカオニブのチュイルを適量飾る。

※抹茶のパンナコッタ、黒糖のジュレは、それぞれ冷蔵で翌日まで保存可。ミルクアイスは冷凍で1週間保存可。黒みつは常温で5日保存可。

寒天

kanten

ココナッツ杏仁豆腐

Gelée d'amande à la noix de coco

寒天で作る杏仁豆腐にココナッツピューレを加えてトロピカル
な味にしました。生クリームやココナッツピューレは味や食感が
変わるので加熱しないようにあとから加えます。アプリコットの
コンポートの酸味でよりさっぱりと食べられるお菓子になりました。

材料

6人分

◆ ココナッツ杏仁豆腐
（17×23cmの保存容器1個分）

水	100g
粉寒天 (かんてんクック)	2g
杏仁粉	10g
微粒子グラニュー糖	35g
牛乳	150g
生クリーム (乳脂肪分36％)	50g
ココナッツピューレ (冷凍·加糖)	100g

◆ アプリコットのコンポート
（作りやすい量）

アプリコット (冷凍)	100g
微粒子グラニュー糖	40g
水	60g
杏露酒	5g

下準備

【杏仁豆腐】

● ココナッツピューレは解凍して
おく

● 杏仁粉、グラニュー糖、粉寒天
は合わせて混ぜておく（**a**）

point 粉寒天は直接水に振り入れ
ても構いませんが、砂糖とあらかじ
め混ぜておくと、作業性がよい。

ココナッツ杏仁豆腐

【杏仁豆腐を作る】

1 耐熱容器に牛乳、生クリームを入れ、電子レンジで1分程度加熱して人肌にする。

2 鍋に水を入れる。合わせておいた杏仁粉、グラニュー糖、粉寒天を入れて(**b**)混ぜる。

3 混ぜながら中火にかけ、しっかりと沸騰したら(**c**)火を止める。

　point 寒天はしっかりと沸騰した液体で煮溶かす。

4 **1**の牛乳、生クリームを加えて(**d**)混ぜる。鍋の中を混ぜながら、ココナッツピューレを加えて(**e**)よく混ぜる。

　point ココナッツピューレが冷たいと、寒天が固まってしまうので、注意する。

5 保存容器に流し(**f**)、粗熱を取って冷蔵庫で2時間30分〜3時間冷やし固める。

　point 寒天は常温で固まる。冷めて固まり始めるときれいに注げなくなるので、容器に注いでから粗熱を取る。常温におき、粗熱が取れたら冷蔵庫に入れる。

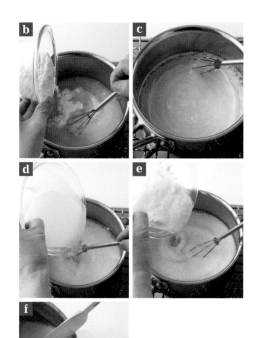

寒天の検証時の条件について

- 寒天の効果を調べるために、影響力のない水を固めています。なお、水は同じミネラルウォーターを使用。
- 材料、作り方は、上記の「ココナッツ杏仁豆腐」を基準にしていますが、加熱方法は電磁調理器を用いました。ガスで加熱すると火力を一定に保つことが難しく、上がり量に差が生じやすいためです。ゼラチン、アガ では電子レンジを用いましたが、寒天は沸騰させる必要もあるため、電磁調理器を使用し、火力と加熱時間を一定にしました。
- 検証で主に使用した寒天は、伊那食品工業のかんてんクックで、メーカー推奨標準使用量は1000gに対して8〜10gです。
- 電磁調理器での加熱後に混ぜて粗熱を取ると、水分が飛ぶ量に違いが生じ、上がり量が異なります。そこで、混ぜずに粗熱を取りました。
- 寒天の添加率は、液体量または全体量に対する加える寒天の割合です。パッケージには液体量か全体

【アプリコットのコンポートを作る】

6 鍋に水とグラニュー糖を入れて、凍ったままのアプリコットを加えて中火にかける（）。

> **point** アプリコットは解凍してから煮ると形がくずれやすいので、凍ったままがよい。

7 沸騰してアプリコットがやわらかくなるまで5分程度煮る（）。

8 ボウルに移し、粗熱が取れたら杏露酒を加え（）、混ぜる。

> **point** アルコールが飛ばないように粗熱が取れてから加える。

【組み立てる】

9 食べる直前に5の杏仁豆腐は食べやすい大きさに切り、器に盛る。

> **point** 寒天で固めたものは、切ると離水するので、食べる分だけ切り分ける。

10 8のアプリコットのコンポートを添える。コンポートの煮汁をかける。

※杏仁豆腐は冷蔵で翌日まで、アプリコットのコンポートは冷蔵で3日程度保存可。

量の明記がある場合とない場合があります。この検証では、添加率は「材料の液体量に対する寒天の量」としています。

・検証では、特に表記がない場合は、直径71mm×高さ62mm・容量130mℓのツマミ付きのプリン型（プラスチック製カップ）を用いています。1個あたりゼリー液は約70g。

・寒天は常温で固まりますが、メーカーの社内検証等でゼリー強度を測る場合の時間に準じて、撮影・試食は15時間後と設定しました。

・寒天で作ったゼリーを取り出す際には、ゼラチンの検証のように湯せんにかけていません。寒天には離水性があるため、型のツマミを折って空気を入れるだけで、取り出せるためです。

Vérification No.1

砂糖の量を変えると？

砂糖を増やすと、寒天ゼリーはやわらかくなり、透明度が増す

砂糖の量と寒天のかたさの関係を検証してみました。

作り方は、グラニュー糖の量を30、60、120gと変化。水と寒天の量は添加率が液体量に対して0.8%になるように水は270、240、180g、寒天2.2g、1.9g、1.4g（0.8%）と変化。加熱方法は条件をそろえるため、電磁調理器を使用し、加熱時間は総量に合わせて、以下の通りに変えています。この検証は、鍋で加熱するので水分が飛ぶ量にバラつきが生じやすく、煮上がり量を確認するために水とグラニュー糖の合計を300gに統一しました。なお、使用した寒天はかんてんクックです。

A 水270g、グラニュー糖30g、寒天2.2g（0.8%）。
電磁調理器で4分15秒加熱。

B 水240g、グラニュー糖60g、寒天1.9g（0.8%）。
電磁調理器で4分5秒加熱。

C 水180g、グラニュー糖120g、寒天1.4g（0.8%）。
電磁調理器で3分50秒加熱。

A、**B**、**C** いずれも寒天特有の歯切れのよい食感です。**A** が最も口の中に長く残り、**B**、**C** と砂糖が増えるにつれ、口の中から早く消えます。取り出したときの高さが **A** ＞ **B** ＞ **C** となっており、砂糖が増えるほどにやわらかく、形を保ちにくいと考えられます。

見た目の違いが顕著で、**A**、**B**、**C** と砂糖が増えるにつれ、透明度が増しています。これは、ゼラチン、アガーの検証と同様の結果（検証①「砂糖の量を変えると？」〈ゼラチンP30〉〈アガーP90〉）であることから、砂糖の作用と考えられます。

A グラニュー糖 30 g

B グラニュー糖 60 g

C グラニュー糖 120 g

寒天の量を変えると？

寒天が多いと寒天ゼリーはしっかり固まり、エッジがよく出る

寒天の基本的な添加率（使用量）はメーカーで規定されていますが、量を変えるとどのような変化があるのか、検証してみました。

作り方は水300g、グラニュー糖60gに対し、寒天の量を液体量に対して0.4、0.8、1.6%と変化。加熱方法は条件をそろえるため、電磁調理器で4分40秒。使用した寒天はかんてんクックです。

A 寒天1.2g (0.4%)
B 寒天2.4g (0.8%)
C 寒天4.8g (1.6%)

A、**B**、**C** いずれも寒天特有の歯切れがよく、**A** は最もやわらかい食感です。**B**、**C** と寒天量が多いほどにかたくなります。甘みは**A** が一番感じられ、**B**、**C** と寒天の量が増えるにつれ、感じなくなります。**C** は甘さをほとんど感じられません。

食感、甘みの感じ方ともに、ゼラチン、アガーの検証と同様の結果（検証②「ゼラチンの量を変えると?」〈P32〉。検証②「アガーの量を変えると?」〈P91〉）でした。

また、最もやわらかい**A** は離水しましたが、**B** も少したつと離水したのに対し、**C** は一定時間たっても離水しませんでした。寒天の特性である離水性は、しっかりと凝固していると生じにくいといえます。

添加量は食べたときの味の広がりに影響するので規定量を参考にしつつ、好みの食感を見つけてください。

A 寒天 1.2 g（0.4%）

B 寒天 2.4 g（0.8%）

C 寒天 4.8 g（1.6%）

Vérification No.3

加えるレモン汁（酸）の量を変えると？

レモン汁が多いと、寒天ゼリーにやわらかさが増す

ゼリーを作る際に、酸味のあるフルーツを合わせることも多いです。寒天は酸による影響をどのように受けるのでしょうか。レモン汁を加えるとどのように変化するのか、検証してみました。

作り方は、グラニュー糖60ｇ、寒天2.4ｇ（液体量に対して0.8％）を統一し、レモン汁の添加量を20ｇ、40ｇ、60ｇと変化。寒天の添加率が0.8％になるように水の量は280、260、240ｇと調整しています。加熱方法は条件をそろえるため、電磁調理器を使用し、加熱時間は総量に合わせて、以下の通りに変えています。なお、使用した寒天はかんてんクックです。

酸の量の影響の検証と同時に、酸が加熱による影響を受けるかどうかも、検証しました。

A、**B**、**C** が「寒天＋グラニュー糖→水に添加→電磁調理器加熱→レモン汁添加」であるのに対し、**D** は「寒天＋グラニュー糖→水に添加→レモン汁添加→電磁調理器加熱」です。**D** の方法はメーカーが推奨していませんが、検証してみました。

A 水280ｇ、レモン汁20ｇ。電磁調理器で4分20秒加熱。加熱後にレモン汁を加える。

B 水260ｇ、レモン汁40ｇ。電磁調理器で4分15秒加熱。加熱後にレモン汁を加える。

C 水240ｇ、レモン汁60ｇ。電磁調理器で4分加熱。加熱後にレモン汁を加える。

D 水240ｇ、レモン汁60ｇ。レモン汁を加えてから加熱。電磁調理器で4分25秒加熱。

A は寒天特有のサクッとした歯切れのよさがありますが、**B** の方が弱いです。**C** はサクッとした歯切れがなく、酸が増えるにつれてもろさが目立ちます。

A、**B** は他の検証と同じように、型から容易に取り出すことができましたが、**C**、**D** はくずれる、ちぎれるという現象が見られ、特に**D** は型に全体にくっついてしまいました。

つまり、レモン汁の添加量が増えると、寒天はもろくくずれやすく感じます。表現を変えると「ゼリーのやわらかさが増す」「ゼリーの強度が落ちる」ともいえます。

また、同じ分量のレモン汁を、加熱している **D** と、加熱後に加えた **C** を比べると、**D** の方が取り出しにくかったことから、ゲル化がくずれた状態だといえます。

寒天に酸味のある素材を入れる際には、寒天の量を増やすなど調整する必要があります。

A 加熱後にレモン汁 20g を添加

B 加熱後にレモン汁 40g を添加

C 加熱後にレモン汁 60g を添加

D レモン汁 60g を添加してから加熱

牛乳の種類を変えると？

うまく固まらない場合がある

ゼラチンやアガーでは牛乳と生クリームの検証（P38、P96）を行いましたが、洋菓子の場合、寒天で生クリームを固めることがあまりないので、普通牛乳と無脂肪乳で比較してみました。

作り方は普通牛乳または無脂肪乳300gに、グラニュー糖60g、寒天2.4g（液体量に対して0.8%）。加熱方法は条件をそろえるため、電磁調理器で4分40秒。なお、使用した寒天はかんてんクックです。

A 普通牛乳（牛乳脂肪分3.6%以上、無脂肪固形分8.4%以上）

B 無脂肪乳（無脂肪加工乳脂肪分0.1%以上、無脂肪固形分9.5%以上）

A はまだら模様が見られます。また、サクッとした歯切れのよさがなく、検証の中で最もなめらかな舌触りでした。**B** は明らかに分離しており、白い部分はやわらかくクリーミーで、かつ甘いです。濁った大半の部分はかたく、甘みが薄いです。

また、寒天は沸騰後2分程度煮立てる必要があるため、乳が入った状態で煮立てると、メイラード反応で褐変や乳臭さが出たり、タンパク質変性が起きたりすることがあります。

また、寒天は水の中で煮溶かすことで効果を十分に発揮できるので、牛乳だけで煮立てると入れた量の分だけ凝固力が効いているか不明です。

無脂肪乳などは味や見た目に大きな影響があるので、製菓には普通牛乳を使いましょう。

A 普通牛乳

B 無脂肪乳

砂糖の種類を変えると？

かたさ、甘みの感じ方に違いがある

砂糖の量でかたさが異なることが検証①「砂糖の量を変えると?」(P128)でわかりました。

では、砂糖の種類によって、寒天の凝固力にどのような影響があるのか、グラニュー糖、上白糖、黒糖で検証してみました。同様の検証をゼラチン、アガーでも行っていますが（P44、P104）、寒天にカソナードを合わせることがほとんどないので、カソナードは行っていません。

作り方は、水300g、砂糖60g、寒天6g（液体量に対して2%）で統一し、加熱方法は条件をそろえるため、電磁調理器で4分40秒。砂糖の種類の違いは以下の通りです。なお、使用した寒天はかんてんクックです。

A グラニュー糖
B 上白糖
C 黒糖

製菓によく使う **A** グラニュー糖はなめらかさがありました。**B** 上白糖は最もかたさがあり、あまり甘さを感じませんでした。**C** の黒糖もかたく、サクッとした歯切れのよさが際立っていました。黒糖特有の風味と甘みを感じる他、離水しました。

A グラニュー糖と **B** 上白糖とで甘さの感じ方が異なるのは、砂糖の種類による違いに加えて、口中への広がり方の違いにもよると考えられます。

ゼラチンやアガー同様に寒天でも、砂糖の種類によって、仕上がりのかたさや甘さの感じ方に違いが出るので、そのことを考慮した上で、砂糖の種類は選定する必要があります。

A 微粒子グラニュー糖

B 上白糖

C 黒糖

お菓子作りの基本

「生クリームの泡立て方」「絞り袋の使い方」を解説します。
どちらも本書のムース作りでは欠かせない作業です。コツを覚えましょう。

［生クリームの泡立て方］

ムースで使うときは、デコレーションケーキのように
角がしっかり立つ必要はありません。ゆるく泡立てましょう。

ボウルに生クリームやグラニュー糖を入れ、氷水に当てながらハンドミキサーで泡立てる。

point 室温の影響も受けるので、夏場や暖房にも注意が必要。

point グラニュー糖を入れないレシピの場合は、入れずに同様に泡立てる。

ゆるめに泡立てる。使うまでは冷蔵庫に入れておく。使うときには、泡立て器でキメを整える。

point 泡立てすぎると、ピューレやムースのクリームと合わせたときにムースがかたく、口溶けが悪くなるので注意。

point ある程度、筋が書けるようになったらOK！

［絞り袋の使い方］

ムースを容器に入れるときやダックワーズ生地を天板に絞るときに、口金と絞り袋を使います。

口金を絞り袋にセットしてコップなどに立て、絞り袋に生地を流し入れる。

point 口金をギュッと押し入れて、その上をねじっておく。

片方の手で支え、もう一方の手は絞り袋の口を持つようにして、絞る。

point 絞っている間に、生地がダメージを受けやすいので、そのことも踏まえて生地を仕上げる。

point ムース生地を器に絞るときなどは、左右に動かさずに持ち上げながら絞る。

point ダックワーズ生地を絞るときなどは、ゆっくりと動かしながら絞る。メレンゲの泡が消えないようにすぐに絞ること。

ペクチン

pectin

パッションとマンゴーのパート・ド・フリュイ

Pâtes de fruits aux fruits de la passion et à la mangue

パリで食べたフルーツ感がしっかり前面に出ているパート・ド・フリュイを作りたいと思って完成したレシピです。しっかりと煮詰めることがポイントです。煮詰めが足りないと甘さの方を強く感じたり、固まらなくなってしまいます。

周りにまぶす砂糖は粒子が粗いものを使うことでたくさんつきすぎず、甘さを抑える効果があります。パート・ド・フリュイが苦手なひとにこそ食べてほしい1品です。

材料

12cm四方 1台分・約16個分

マンゴーピューレ（冷凍・加糖）	50g
パッションピューレ（冷凍・加糖）	150g
微粒子グラニュー糖	180g
HMペクチン	5g
酒石酸	1g
水	1g
トッピングシュガー	適量

下準備

- マンゴーピューレ、パッションピューレは解凍して合わせておく

- グラニュー糖とペクチンを合わせて混ぜておく（**a**）

  point ペクチンは粒子が細かく水分を含みやすい特性がある。そのため単体で水分に加えるとダマになりやすいので、必ず砂糖等と合わせておく。

- 酒石酸と水は合わせてよく混ぜておく（**b**）

  point 酒石酸はパート・ド・フリュイに欠かせない材料。酸を補うために添加します。

- ベーキングシートを15cm四方に切り、キャドル（12cm四方）の底になるように折り、マスキングテープなどで留める（**c**）

  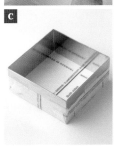

作り方

1 鍋にフルーツピューレを入れて軽く火にかける。混ぜながらグラニュー糖とペクチンを混ぜたものを加える（**d**）。

point ペクチンはダマになりやすいので、必ず混ぜているところに加えること。

2 中火にかけて泡立て器で混ぜながら（**e**）煮詰める。全体の泡がゆっくり潰れる状態で106℃程度になったら（**f**）、火を止める。

point 泡の状態と温度の両方を必ず確認する。104℃程度になると色が濃くなってくるのが合図。混ぜても温度が落ちないのを確認してから火を止めること。

point 固まらない場合は煮詰めが甘い。煮詰めがゆるい場合甘さなど味の出方が異なってくるのでしっかり温度を確認する。

point 高温なのでやけどに十分注意すること。

3 すぐに酒石酸と水を混ぜたものを加え（**g**）、しっかり混ぜる。

4 準備しておいたキャドルをバットにのせて**3**を流し入れ（**h**）、常温で5時間程度おく。

5 固まったら、温めた包丁をキャドルとパート・ド・フリュイの間に入れる（**i**）。

point 包丁は熱湯をかけて温めて、水気をしっかりふき取って使用する。

point 四辺に包丁を入れてはずしやすくする。

6 キャドルに留めていたベーキングシートを剥がし、キャドルをはずす（**j**）。

7 温めた包丁で30㎜大のキューブ状に切り分ける（**k**）。

point 定規を当てて30㎜の印を包丁で入れると、大きさをそろえやすい。

point パート・ド・フリュイはくっつきやすいので、一辺を一度に切る。そのため、包丁は刃の長さが12㎝以上のものを用意する。

8 保存容器にトッピングシュガーを入れ、**7**のパート・ド・フリュイを入れる（**l**）。ベーキングシートを剥がし（**m**）、シリコンスプーンでパート・ド・フリュイを転がしながら（**n**）、トッピングシュガーをまぶしつける（**o**）。

※密閉容器に入れ、涼しいところで1週間程度保存可。ただし、トッピングシュガーは溶けてくるため長く保存する場合は食べる直前にまぶしつけるのがよい。

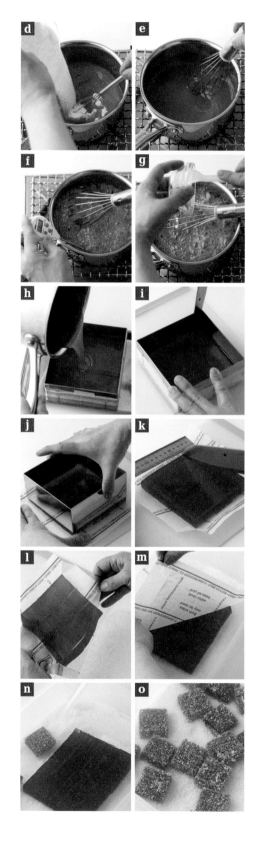

Vérification

酒石酸の量を変えると？

酒石酸を増やしすぎると、うまくゲル化しない

酒石酸の量を変えると、パート・ド・フリュイの仕上がりにどのように影響するのか、検証してみました。

作り方はP139－140を基準に、以下変更しました。

・加熱方法は電磁調理器を用い、火力も一定にしました。ガスで加熱すると火力を一定に保つことが難しく、上がり量に差が生じやすいためです。

A 酒石酸1g＋水1g（P139－140に同じ）
B 酒石酸なし
C 酒石酸5g＋水5g

見た目に違いはほとんどありません。食べてみると、やわらかさは **A** 、 **C** 、 **B** の順でやわらかくなります。酒石酸の量の違いは、 **A** が適度に固まる範囲内、 **C** は酒石酸が入っているものの多すぎるためにゲル化がうまくいかなかったと考えられます。酒石酸を入れていない **B** が固まったのは、パッションフルーツの酸によるもので、それだけでは十分ではない、と推測されます。

翌日以降、ゆるいものほど、トッピングシュガーが溶ける傾向が見られました。

パート・ド・フリュイはペクチン、酸、糖度のそれぞれが一定の条件を満たすことで、はじめて固まります。つまり、砂糖をむやみに減らして、酸味の際立ったパート・ド・フリュイを作るのは難しいと考えられます。味とペクチンのバランスをよく考えて作りましょう。

おわりに *epilogue*

この本のテーマである、ゼリーやムースと凝固剤。
いかがでしたでしょうか。
前作同様に、検証とともに、おいしいレシピを厳選して掲載しました。

「凝固剤」をテーマにした本を作りたいと思ってから、試作や作り比べを何度もしました。
検証するほどにさらに疑問が生じて、「今度はこれをやったらおもしろいのではないか?」
「本を読んだ方はこういうことを知りたいのではないか?」と、
どんどん検証したいことが増え、すべてを掲載することはできませんでした。

通説とされていることも、今回、実際に検証してみますと、
想定とは異なる結果が出ることもあり、興味深かったです。
また、食べる温度帯によっても、食べる人によっても、
食感の受け止め方が異なる場合があり、
1冊目、2冊目よりも多くの方に検証や試食にご協力いただきました。
食感は人によって表現が違うという新たな発見がありました。

検証内容は、お菓子作りに反映しやすいよう、
家庭で作ることや、実際に食べて食感などを確かめられることという前提から
なるべくはずれないように行いました。

製菓材料としての凝固剤のおもしろさは、

ムースなどを作る際に、単に固めるための材料という面だけでなく、

他の素材との組み合わせによって、

食感や味の広がりにも影響するというところにもあると、

この本の検証を通じて改めて感じました。

そして、そこに化学的な要素もからみ、仕上がりに影響していきます。

検証を重ねるほどに "凝固剤の沼" に

はまったような気持ちになりました。

この本に掲載した検証は、凝固剤の沼へのほんの入り口です。

この本を通じて、お菓子作りのおもしろさや楽しさを

感じていただければ幸いです。

そしてみなさんのお菓子作りに生かしてもらえると嬉しいです。

この本を作るにあたり、メーカーの方々や友人たちにもご協力いただきました。

ひとことでは書ききれない感謝とともに、

この本が長くみなさんのご家庭で愛されるように願ってやみません。

たけだかおる

著者　たけだかおる　*Kaoru Takeda*

洋菓子研究家、製菓衛生師。幼少の頃からお菓子作りを始め、国内外のさまざまな教室やパティスリーで製菓を学ぶ。
現在は料理家や食のプロも通う洋菓子教室を主宰。
こだわりレシピと独自メソッドを教えるだけでなく、「失敗の原因」や「なぜこの材料を使うのか」などの理論を交えた明確なレッスンが好評で、各メディア、イベントでも活躍中。
著書に『たけだかおる洋菓子研究室のマニアックレッスン』『たけだかおる洋菓子研究室のマニアックレッスン　乳化と混ぜ方編』（ともに河出書房新社刊）がある。

【 材料協力 】

伊那食品工業株式会社
ホームページ　https://www.kantenpp.co.jp
問い合わせ　0120-321-621

株式会社富澤商店（TOMIZ）
オンラインショップ　https://tomiz.com
問い合わせ　042-776-6488

中沢乳業株式会社
ホームページ　https://www.nakazawa.co.jp
問い合わせ　0120-39-8511

新田ゼラチン株式会社
ホームページ
https://www.nitta-gelatin.co.jp/gyomuyo_top/index.html
問い合わせ　0120-708-760

株式会社ラ・フルティエール・ジャポン
ホームページ　https://www.lfj.co.jp
問い合わせ　0422-29-7865

STAFF
撮影／福原 毅
アートディレクション／大薮胤美（株式会社フレーズ）
デザイン／宮代佑子（株式会社フレーズ）
DTP ／江部憲子、小松桂子（株式会社フレーズ）
スタイリング／水嶋千恵
企画・編集／平山祐子
調理アシスタント／近藤久美子
校正／ディクション株式会社
special thanks ／ほりえさわこ

たけだかおる洋菓子研究室の
マニアックレッスン
凝固剤編

2022 年 1 月 30 日　初版発行
2023 年 8 月 30 日　2 刷発行

著者　　たけだかおる
発行者　小野寺優
発行所　株式会社河出書房新社
　　　　〒 151-0051
　　　　東京都渋谷区千駄ヶ谷 2-32-2
　　　　電話 03-3404-1201（営業）
　　　　　　 03-3404-8611（編集）
　　　　https://www.kawade.co.jp/
印刷・製本　凸版印刷株式会社

Printed in Japan
ISBN978-4-309-28952-6

＊本書の内容に関するお問い合わせは、お手紙かメール（jitsuyou@kawade.co.jp）にて承ります。恐縮ですが、お電話でのお問い合わせはご遠慮くださいますようお願いいたします。